L'Ile-de-France
des châteaux forts

En souvenir de Claude Corvisier, mon père.

Collection dirigée par David Gaussen

© 2004 Éditions Parigramme/Compagnie parisienne du livre (Paris)

PROMENADES EN ILE-DE-FRANCE

L'Ile-de-France des châteaux forts

CHRISTIAN CORVISIER

Photographies
MALIKA TURIN

SOMMAIRE

Introduction 7

I. L'Yveline, dans l'ancien comté de Montfort 27
      Montfort-l'Amaury 28
      Houdan 31
      Montchauvet 32
      Beynes 32

II. L'Yveline, dans les anciens fiefs des seigneurs de Chevreuse et de Rochefort 35
      Chevreuse 36
      Châteaufort 39
      Magny-les-Hameaux 40
      Maurepas 41
      Rochefort-en-Yvelines 42
      Bréthencourt 43
      Gometz-le-Châtel 44

III. Les anciennes baronnies du nord de l'Ile-de-France 45
      Beaumont-sur-Oise 46
      Luzarches 48
      Conflans-Sainte-Honorine 49
      Montlignon 51
      Louvres 52

IV. Le Vexin français, entre Seine, Oise et Epte 53
      La Roche-Guyon 54
      Saint-Clair-sur-Epte 56
      Chaussy 57
      Bonnières 58
      Cergy 58
      Mantes-la-Jolie 59
      Poissy 60
      Vigny...61

V. Les châteaux du sud du domaine royal, Hurepoix, Gâtinais 63

- Montlhéry 64
- Marcoussis 66
- Dourdan 68
- Étampes 71
- Bouville 73
- Grez-sur-Loing 74
- Moret-sur-Loing 76
- Dormelles 80
- Diant 81
- Nemours 81
- Gazeran 85

VI. Dans l'ancien comté de Champagne et de Brie 87

- Provins 88
- Crécy-la-Chapelle 91
- Crouy-sur-Ourcq 92
- Forfry 94
- Mortcerf 94
- Louan 95
- Nangis 97
- Pécy 97
- Grandpuits 98

VII. La Brie de Melun 101

- Brie-Comte-Robert 102
- Blandy 104
- Voisenon 108
- Pouilly-le-Fort 108
- Fontenay-Trésigny 109

VIII. Les fortifications et châteaux "parisiens" des rois de France ..113

- Palais de la Cité 114
- Château du Louvre 115
- Enceinte de Philippe Auguste 117
- Château de Vincennes 118

Glossaire 123

Bibliographie 127

Avertissement au promeneur

Avant de partir sur les traces des châteaux forts d'Ile-de-France,
voici quelques conseils qui faciliteront la découverte des sites.

- La plupart des monuments présentés sont accessibles par les transports
en commun, parfois à certaines conditions. Nous vous invitons à consulter
le site de la SNCF Ile-de-France (http://idf.sncf.fr/FR/), qui prend en compte
les horaires de trains, de bus et d'autocars, et aussi le site du Syndicat
des transporteurs routiers d'Ile-de-France (http://www.stif-idf.fr/, rubrique
"Voyager en idf").

- Les références IGN renvoient aux cartes 1/25 000 qui seront utiles
aux marcheurs ; les mentions PR et GR correspondent aux itinéraires balisés
par la Fédération française de randonnée pédestre : les PR (chemins de petite
randonnée) sont signalés par deux bandes jaunes horizontales, les GR (chemins
de grande randonnée) sont indiqués à l'aide de marques blanches et rouges.

Ces monuments appartiennent au patrimoine de l'humanité ; il incombe
à chacun de veiller à leur bonne conservation. Rappelons que les fouilles
non autorisées constituent des délits passibles de sanctions pénales.

Malgré l'urbanisation intensive, l'Ile-de-France demeure, à l'ère des villes nouvelles, un territoire de découverte privilégié pour qui souhaite mieux comprendre la place du château fort sur l'échiquier politique de la France féodale ou dans le paysage monumental du bas Moyen Âge.

S'il est difficile d'estimer avec précision le nombre de sites fortifiés : châteaux d'importance diverse, maisons fortes, défenses d'agglomérations, qui furent fondés entre l'an mil et la fin du Moyen Âge dans l'étendue des huit départements actuels de l'Ile-de-France, on peut cependant se risquer à affirmer qu'il n'était pas inférieur à huit cents.

Bon nombre de ces châteaux ont disparu, et ceux qui demeurent ont été malmenés par le temps et les hommes. Parfois réduits à des pans de murs décharnés, souvent mutilés et transformés, ils sont encore plus de cent à offrir des restes plus ou moins imposants de leur forte empreinte architecturale dans un paysage en mutation. Les reconstructions subies par d'autres à l'époque moderne ont été tellement complètes que leur site ne garde plus aucun souvenir de l'époque médiévale. Pourtant, les amateurs habitués à repérer le symbole à trois points des ruines sur les cartes routières des environs de Paris savent bien qu'ils ont encore beaucoup à voir.

Un petit guide ne peut prétendre à l'exhaustivité sur un tel sujet. Nous avons choisi ici de présenter, dans les itinéraires, une sélection de cinquante-cinq sites parmi les plus représentatifs, du château royal à l'humble maison forte. Certains châteaux privés presque invisibles ont été écartés. En revanche, nous avons retenu quelques lieux méconnus encore évocateurs. Enfin, la part belle est faite aux châteaux des XIIe et XIIIe siècles, car l'Ile-de-France en est plus riche que de demeures fortifiées de la fin du Moyen Âge.

La garde prétorienne de la monarchie capétienne : une pépinière de barons

L'Empire carolingien avait découpé son territoire en comtés administrés par des officiers du pouvoir souverain. Issus de l'aristocratie franque, ceux-ci avaient obtenu, en 877, le droit à l'hérédité de leur charge. Ce privilège donnait aux comtes la stature de puissants dynastes détenant les pleins pouvoirs civils et militaires sur des secteurs importants au sein desquels ils possédaient des terres à titre privé. Cette évolution contribua à la décomposition du pouvoir carolingien et servit de modèle au système féodal, fondé sur le morcellement et la privatisation de la puissance publique, tant au plan territorial que pour la conduite des opérations de guerre.

En 987, l'avènement d'Hugues Capet, issu du lignage des comtes de Paris (les Robertiens), fait de l'Ile-de-France le berceau et le centre du pouvoir de la monarchie française, qui entérine l'ordre féodal. La région se hérisse alors de châteaux forts, expression architecturale originale du monde féodal occidental. Les châteaux, en effet, sont le siège et l'instrument du pouvoir territorial des seigneurs. Cette nouvelle caste, liée au souverain par l'hommage vassalique, est née dans la clientèle des Robertiens, et formée d'hommes ambitieux et opportunistes recrutés dans la chevalerie (l'armée de métier du royaume). Prompts à se tailler de petites principautés, souvent par la force des armes et en usurpant des terres d'Église, ces barons étaient à la fois soucieux d'asseoir leur légitimité pour faire souche, et avides d'accéder à une puissance équivalente à celle des comtes, en principe toujours détenteurs d'une part de la puissance publique. Celle-ci, représentée en Ile-de-France par le roi et par le comte de Champagne et de Brie, dut organiser son territoire en petits centres de pouvoir, les châtellenies, qui, comme le mot l'indique, avaient pour chef-lieu un château. Cette politique permettait en théorie de contrôler la prolifération de châteaux vassaux, cap difficile à tenir pour les premiers rois capétiens dont l'assise territoriale, limitée à trois anciens comtés et à quelques villes au nord et au sud de Paris, entre Compiègne et Orléans, était encore modeste.

La carte de l'Ile-de-France devint alors une marqueterie de grands fiefs tenus par des seigneurs plus ou moins concurrents, dont certains, par le jeu des guerres féodales ou par celui des alliances, prétendirent faire pièce à la dynastie régnante. Ces appétits hégémoniques des barons, ceux principalement de la moitié sud de l'Ile-de-France, se concrétisèrent aux XIe et XIIe siècles, par la fréquence des conflits, luttes fratricides entre chefs de lignage ou actes de résistance félone au roi.

Au nombre des chroniqueurs du temps à qui l'on doit le récit de ces événements, figure un personnage de premier plan, le fameux abbé Suger, conseiller des rois Louis VI le Gros (1108-1137) et Louis VII (1137-1180),

Château de Chevreuse sous le règne d'Henri IV (1589-1610).
Vue gravée tirée de la *Topographie française* de Claude Chastillon (© C. Corvisier).

qui fut quelque temps régent du royaume et fit de l'abbatiale de Saint-Denis une prestigieuse nécropole pour les Capétiens. Suger relate les expéditions constantes dans lesquelles, son règne durant, Louis VI épuisa ses forces pour mater l'indocilité de seigneurs comme ceux de Montlhéry, du Puiset, de La Roche-Guyon, tout en s'efforçant d'accroître l'étendue du domaine royal. Les noms des châteaux de Chevreuse, Montlhéry, Rochefort-en-Yvelines, Bréthencourt, Châteaufort, Gometz, Corbeil, Crécy sont liés à jamais aux épisodes les plus violents de ces luttes de pou-

Château de Montlhéry sous Henri IV.
Gravure de Claude Chastillon (© C. Corvisier).

voir, qui mirent en scène, notamment entre 1105 et 1118, plusieurs seigneurs étroitement apparentés, et qui tournèrent en faveur du roi. Les acteurs de ce drame, Guy Troussel, Milon de Bray, Gui le Rouge, Hugues de Crécy ou Hugues du Puiset, tantôt coalisés, tantôt rivaux, certains grands officiers de la Couronne, tiraient de leurs châteaux la capacité de prendre en étau les portions du domaine royal situées autour de Dourdan et d'Étampes, en contrôlant les voies de communication de Paris à Orléans. Avant sa déconfiture, cette turbulente parentèle de Montlhéry-Rochefort possédait à peu près tous les châteaux non royaux du sud de Paris, depuis les limites de la baronnie des Montfort, aux portes de la Normandie, jusqu'à celles du comté de Champagne.

Tout à la fois outil défensif, base logistique, résidence et instrument de légitimité de ses possesseurs, le château entraîna souvent la fondation simultanée d'une agglomération placée sous sa protection (le bourg castral) et d'un équipement religieux (église collégiale, prieuré, paroisse), par lesquels la pérennité du site et celle du lignage qui l'occupait étaient peu ou prou assurées. Dès cette époque, par son impact monumental et son implantation avantageuse dans le paysage, le château tenait aussi lieu de manifeste de la puissance de son fondateur.

Selon le rang de son détenteur, le château était plus ou moins puissamment et luxueusement édifié. Il faut ici faire un sort à une idée reçue : le château de pierre apparaît bel et bien en même temps que le château de terre et bois. Celui-ci est composé d'une motte (qu'il est usuel de dire "féodale"), butte artificielle de forme tronconique, généralement associée à une basse-cour environnée de fossés. Si le château de pierre est une adaptation martiale et défensive du palais carolingien, le château à motte, avec ses palis et sa tour en charpente, plus rudimentaire et plus facile à mettre en œuvre, est l'expression d'un pouvoir individuel non encore stabilisé. La pierre coûte plus cher, mais les bâtisseurs de l'an mil maîtrisaient techniquement la réalisation de grands et beaux monuments de pierre, tels les églises abbatiales et les plus anciens donjons-résidences. Le nombre des maîtres d'ouvrage laïques capables de concevoir et de financer de tels chantiers était limité. Beaucoup de grands barons d'Ile-de-France eurent cependant cette ambition dès le XIe siècle, d'où la relative précocité et l'abondance des châteaux de pierre "romans" dans la région. Il fallait en tous les cas qu'un chantier de construction castrale (surtout dans la période d'affirmation "probatoire" d'un

Tour sur motte de Maurepas.

lignage sur un site) durât moins longtemps que celui d'une grande église, pour permettre au seigneur bâtisseur de résider dans son château et de s'y pouvoir défendre au plus tôt. Les ouvrages de terre et bois (creusement de fossés, mise en places de palissades, de bâtiments et de tours en charpente) pouvaient être achevés en quelques mois, voire quelques semaines, en employant une main-d'œuvre corvéable recrutée dans les populations voisines, placée sous l'autorité et la protection du seigneur. Les chantiers des grands châteaux de pierre étaient plus longs et exigeaient des ouvriers qualifiés et rémunérés : terrassiers, charpentiers (échafaudages, structures en bois pérennes) et surtout maçons, dirigés par des "maîtres des œuvres de maçonnerie", qui faisaient œuvre d'architecte… Les noms de ces "maîtres"

nous sont rarement parvenus, mais ils pouvaient jouir d'une grande notoriété – on pense à Lanfroy, bâtisseur des donjons de Pithiviers et d'Ivry-la-Bataille vers l'an mil, assassiné par ses "clients" pour l'empêcher d'offrir ses services à des dynasties concurrentes. La compétence de ces maîtres pouvait s'exercer parallèlement sur des chantiers d'architecture religieuse.

La construction du fameux Château-Gaillard des Andelys pour Richard Cœur de Lion (superbe forteresse tout en pierre de taille achevée en deux ans, entre 1196 et 1198) est un cas limite, bâti avec une rapidité exceptionnelle, car ayant bénéficié d'un énorme financement royal et d'une main-d'œuvre surabondante. Il fallait généralement bien plus d'années pour construire moins, non sans dépenses importantes toutefois. Les générations successives de seigneurs pouvaient en outre reprendre, retoucher ou parfaire l'œuvre architecturale initiale, parfois laissée par le fondateur dans un état de semi-inachèvement, suffisant pour le prestige et pour résister à un siège, mais appelant compléments et finitions.

Sinon parfait, du moins fonctionnel, le château était lieu de vie domestique plus ou moins luxueuse, avec appartements privés (*domicilium*) et salles de représentation publique (*aula*), centre de domaine foncier et de juridiction seigneuriale. Il hébergeait la famille du seigneur et un personnel diversifié, mais ressemblait fort peu à la "place d'armes" ou de garnison militaire qu'on se plaît souvent à imaginer par comparaison anachronique avec les forts de l'époque moderne. Certaines chroniques prouvent que, malgré leurs fortifications parfois imposantes, la plupart des châteaux n'avaient que quelques hommes d'armes et un arsenal modeste pour assurer leur défense. Les nombreux sièges qui ont capté l'attention des historiens, depuis les guerres féodales jusqu'à la guerre de Cent Ans, en Ile-de-France notamment, ne doivent pas faire oublier que bien des fortifications de châteaux, avant tout dissuasives, n'ont jamais eu l'occasion de servir.

Forteresse de Château-Gaillard (© C. Corvisier).

L'Ile-de-France des donjons, XIe-XIIe siècle

Donjon de Grez-sur-Loing vers 1600.
Gravure de Claude Chastillon (© C. Corvisier).

L'enceinte de ces châteaux, jusqu'à la fin du XIIe siècle, est encore une clôture peu fortifiée, de plan polygonal plutôt organique, renforcée au mieux de contreforts ou d'une tour-porte protégeant l'entrée. Le donjon constitue le noyau noble, résidentiel et monumental, qui domine cette enceinte de sa masse verticale, en principe visible de loin. Au Moyen Âge, le mot donjon ne désigne pas seulement une grosse tour, mais aussi la motte sur laquelle certaines de ces tours sont édifiées ainsi que des annexes : parfois une enceinte rapprochée dite "chemise", voire des bâtiments d'accompagnement. Symbole de la suzeraineté, signal du prestige du possesseur du château, le donjon est une invention de la société féodale, sans antécédent antique.

Toutefois, la forme "classique" du donjon de pierre, fixée pour deux siècles dès l'an mil, est celle de la grande tour barlongue (plan rectangulaire), le plus souvent raidie de contreforts plats, abritant les salles publiques (*aula*) et le *domicilium* confortable d'un véritable palais.

Les donjons royaux des villes de Corbeil, Mantes (disparus), Senlis, Moret, celui du château de Grez-sur-Loing adoptaient cette forme. Les autres donjons barlongs conservés d'Ile-de-France, souvent plus monumentaux et plus proches des archétypes de l'an mil (Ivry-la-Bataille aux frontières de la Normandie, Pithiviers en Gâtinais), sont l'œuvre de ces fameux grands barons d'Ile-de-France, prétendant au rang comtal, tels, au nord et à l'ouest de Paris, les Montfort, les Meulan ou les Beaumont. À ces derniers, on doit les donjons encore visibles de Beaumont-sur-Oise, Luzarches et Conflans-Sainte-Honorine. Des châteaux des turbulents seigneurs de Montlhéry-Rochefort subsistent les donjons barlongs de Chevreuse et de Bréthencourt.

Cette forme "classique" du donjon roman, dont le dernier avatar fut sans doute la tour construite à partir de 1196 à Montereau pour le comte de Champagne, connut une variante, au moins représentée à Nemours : un corps rectangulaire logeable, cantonné de tours d'angle circulaires.

Mais d'autres formes de donjon plus expérimentales et moins adaptées à la fonction résidentielle avaient fait, en Ile-de-France plus tôt qu'ailleurs, leur apparition. Les Montfort, grands barons de l'Ouest, furent les premiers à innover. Le donjon polygonal irrégulier de Montfort-l'Amaury est attribuable à Simon Ier, avant 1087. Moins archaïques sont ceux de Houdan et de Montchauvet, fondés dans les années 1120-1130 en même temps que les bourgs castraux qu'ils dominent, par Amaury III de Montfort.

Château de Nemours.

Par son plan cylindrique cantonné de tourelles, la tour de Houdan participe de la même recherche d'innovation formelle qui a produit l'extraordinaire "tour Guinette", énorme donjon de plan quadrilobé que le roi de France Louis VI avait fait construire simultanément dans sa bonne ville d'Étampes. Le comte de Champagne, Henri le Libéral, renchérira au milieu du XIIe siècle en faisant édifier la grosse tour octogonale cantonnée de Provins, de structure plus complexe encore, et novatrice par les voûtes qui couvrent ses volumes. Signe de décalage dans l'évolution parallèle de l'architecture religieuse et de l'architecture castrale – tandis que les églises contemporaines étaient voûtées, certaines déjà d'ogives –, les étages de ces

donjons étaient séparés par des planchers. Des trois tours originales qu'on vient de citer, seule celle d'Étampes était utilisable comme résidence, les autres étant principalement ostentatoires.

Les comtes de Dreux, cadets de la famille capétienne (Robert Ier de Dreux était frère de Louis VII), avaient fait édifier vers la fin du XIIe siècle une énorme tour circulaire cantonnée de tourelles à La Queue-en-Brie. On ne sait pas clairement, en revanche, qui fit construire à Maurepas, en Yvelines, la belle tour maîtresse cylindrique à contreforts coiffés de guérites, mais on est tenté de la dater du premier tiers du XIIe siècle, comme celle, de même forme mais plus puissante, de Châteaufort. Le roi de France, Louis VI ou Louis VII, pourrait être à l'initiative de ce dernier donjon, d'autant que deux autres grosses tours royales adoptaient alors déjà la forme cylindrique pure, celle du palais de la Cité à Paris, et celle de Compiègne. Ces formes originales de tours maîtresses n'étaient pas dictées, comme on l'a cru, par des préoccupations défensives, car les avantages que pouvaient offrir leurs plans à cet égard n'étaient guère rentabilisés : il s'agissait avant tout pour leurs bâtisseurs de faire œuvre nouvelle et marquante qui se distinguât des donjons antérieurs.

En résumant, et pour battre en brèche une vision trop schématiquement évolutionniste, il faut retenir qu'au XIIe siècle en Ile-de-France (mais aussi en Normandie, en Champagne, en Val de Loire…), on construisait concurremment des tours de bois sur motte, des grands donjons barlongs et des donjons circulaires ou polygonaux, aucune de ces formes architecturales n'ayant encore nettement supplanté l'autre.

À la frontière de la Normandie des rois-ducs (dynastie des Plantagenêts à partir de 1154), la construction vers la fin du XIIe siècle du donjon de La Roche-Guyon, avec tour cylindrique renforcée d'un éperon triangulaire, a été certainement imposée par le roi Philippe Auguste vers 1190, dans la phase conquérante de son règne, à un vassal docile, Gui de La Roche. Mise en scène sur une falaise de craie dominant la Seine, l'œuvre précède de peu et préfigure le fameux Château-Gaillard construit plus en aval pour Richard Cœur de Lion, et dont la prise par Philippe Auguste, en 1204, fit tomber l'empire continental des Plantagenêts.

◀ Donjon de La Roche-Guyon.

La nouvelle architecture militaire de Philippe Auguste, un modèle pour les seigneurs d'Ile-de-France

Dès 1200, le règne de Philippe Auguste (1180-1223) est entré dans sa phase étatique, qui passe par la réunion à la Couronne de nombre d'anciens comtés d'Ile-de-France. La politique royale investit massivement dans les chantiers de fortification, armature "visible" du royaume, notamment celles des villes, assez négligées auparavant. Rationnelle et normative, la nouvelle architecture militaire qui s'y déploie marque la rupture chronologique entre une conception encore "romane" et la modernité "gothique". Cette mutation intervient donc dans l'architecture castrale un bon demi-siècle plus tard que dans l'architecture religieuse. Ainsi, tandis que le chœur de l'abbatiale de Saint-Denis de l'abbé Suger, construit à partir de 1140, est déjà une œuvre gothique qui place l'Ile-de-France au premier rang de la modernité en termes de création architecturale, les châteaux et donjons édifiés dans la seconde moitié du XIIe siècle, tout originaux qu'ils soient, comme la grosse tour du comte de Champagne à Provins, doivent être considérés comme des œuvres "romanes".

Les luttes de pouvoir entre Capétiens et Plantagenêts, enjeu national au plan territorial et moteur essentiel de la construction des forteresses sur les zones frontalières, avaient été le laboratoire d'une conception de la fortification plus "active" et performante que par le passé.

Le modèle dit *philippien* fait la synthèse de ces acquis et se réalise dans la construction d'enceintes à courtines rectilignes flanquées de tours circulaires espacées d'une portée de flèche, qui abritent deux ou trois niveaux de chambres voûtées percées d'archères pluridirectionnelles. La base des murs d'enceinte et des tours offre un parement en talus revêtant un soubassement plein, peu vulnérable à la sape. Le plan le plus à l'honneur pour les châteaux neufs est le quadrilatère à peu près régulier illustré par les châteaux royaux du Louvre (Paris) et de Dourdan.

Maquette du château de Dourdan, état au XIIIe siècle, par R. Gestin, d'après une étude de C. Corvisier, musée du château.

Courtines et tours du XIIIe siècle de l'enceinte de la ville haute de Provins.

Composée d'hommes de confiance du roi ou de seigneurs de quelque ambition, plus souvent "sortis du rang" qu'issus de vieilles familles baronniales, la nouvelle classe féodale francilienne adopte sans réserves pour ses châteaux les formules préconisées par le roi (formules dont l'influence s'accomplira à l'échelle européenne). Fine fleur de la chevalerie, ces hommes d'avenir, dont la plupart étaient sur le champ de bataille le "dimanche de Bouvines" (1214), firent leur fortune en ce premier quart du XIIIe siècle dans un pays pacifié où les luttes intestines n'étaient plus de mise. Signe de la prospérité des temps dans un État bien gouverné, la fièvre bâtisseuse alors à l'œuvre touchait autant les chantiers des cathédrales que ceux des châteaux, privés ou publics, et des enceintes urbaines, financées par les habitants comme celle de Paris, le plus grand chantier d'architecture militaire de Philippe Auguste.

De beaux exemples de châteaux seigneuriaux adoptant la norme philippienne subsistent à Luzarches, Diant, Nangis, Montaiguillon. Le plan carré est porté à sa perfection géométrique à Brie-Comte-Robert, château de Robert II de Dreux, cousin de Philippe Auguste. Il contraste avec celui, encore organique malgré la présence des tours, des châteaux de Blandy (premier état), de Beaumont-sur-Oise ou du Fontainebleau médiéval. Ce sont les contraintes de site ou l'adaptation de constructions antérieures qui imposent encore ces plans imparfaitement géométriques, comme aux enceintes du grand bourg castral de Crécy, à Milly-la-Forêt ou aux châteaux royaux de Melun et Montlhéry.

Toutefois, le plan quadrangulaire dépourvu de donjon prévaut sur la durée, adapté au cours du XIIIe siècle à des maisons fortes comme celles de Grandpuits, Crèvecœur, Le Petit-Jard, en Brie, ou Retz, en forêt de Marly, cette dernière bâtie pour Barthélémy de Retz, chambellan de Philippe Auguste. Entre autres exemples plus tardifs, sous le règne de Philippe le Bel, on citera l'étonnante demeure d'Hugues de Bouville, autre chambellan royal, à Farcheville, avec ses courtines jalonnées d'arcades à mâchicoulis. Les maisons fortes de petits seigneurs pouvaient être dépourvues de tours, faute de moyens financiers ou d'autorisation suzeraine. C'était le cas à Crouy-sur-Ourcq et à Challeau, la présence de guérites d'angle ou d'archères compensant cette faiblesse.

La porte fortifiée philippienne type, promise à un bel avenir, est un ouvrage à deux tours circulaires, défendu entre autres par une herse. La tour-porte carrée usuelle au XIIe siècle n'est pas abandonnée pour autant, comme on le voit à Brie-Comte-Robert, Montlhéry, Palaiseau, Gazeran ou aux belles portes de la ville de Moret-sur-Loing.

Le magnifique ensemble des deux enceintes contiguës de la ville de Provins, chantier s'échelonnant au fil du XIIIe siècle, illustre la stabilité de ces formules d'architecture militaire. Tout au plus doit-on noter, pour les portes à deux tours conservées de la "ville haute", construites par l'administration royale de Philippe le Bel après la réunion du comté de Champagne à la Couronne, une certaine originalité dans le plan en éperon des tours ou dans l'emploi de pierres à bossage (mise en œuvre inspirée des chantiers royaux du Midi : Carcassonne et Aigues-Mortes).

Les donjons ou tours maîtresses royales assez nombreuses qu'avaient édifiés les maîtres d'œuvre de Philippe Auguste en divers points du royaume répondaient à un modèle unique et stéréotypé de grosse tour circulaire aux étages non habitables, voûtés sur croisée d'ogives (détail significatif du caractère gothique de cette architecture). Si celle du Louvre, dont relevaient en principe tous les fiefs de France, occupait une position centrale, la plupart des autres "grosses tours" royales étaient à un angle de l'enceinte, ce dont le château de Dourdan donne le type. Le roi ne paraît pas avoir incité ses vassaux à copier ses donjons, car la plupart des châteaux seigneuriaux en sont dépourvus.

Châtelet d'entrée du château de Dourdan (© R. Morano).

Le renouveau du château gothique sous Charles V

C'est à Paris que Charles V, roi mécène, entreprit les trois grands chantiers phares qui ont fixé la nouvelle esthétique du château gothique en renouvelant le vocabulaire architectural. Au Louvre, en 1364, il s'agit seulement de moderniser le château carré et rationnel de Philippe Auguste. Pour surhausser et élancer les tours massives du XIIIe siècle, l'architecte du roi a élevé sur leurs arases des cylindres plus grêles abritant deux niveaux supplémentaires, ceinturés à leur base par un chemin de ronde à mâchicoulis. Ainsi

Manoir royal du Vivier, planches de relevés de Georges Darcy, architecte des monuments historiques (fin XIXe siècle), détail (© Médiathèque du patrimoine, photo C. Corvisier).

le toit – facultatif – de ce chemin de ronde est-il indépendant de celui de la tour, situé un étage plus haut. Reprise aussitôt au donjon de Vincennes, cette mode du volume haut en retrait au-dessus des mâchicoulis est systématisée au château de Pierrefonds, œuvre du fils cadet de Charles V, Louis d'Orléans. On la retrouve dans les châteaux seigneuriaux reconstruits souvent avec l'aide du roi, entre autres, à Montlhéry (où la "tour" a subi le même traitement que celles du Louvre) et à Blandy.

La Bastille, commencée en 1370, est l'agrandissement d'une porte de ville à l'échelle d'une forteresse purement défensive et emblématique. Sa forme compacte, au couronnement horizontal continu, aura moins d'influence immédiate, du fait de sa médiocre élégance. Le château de Marcoussis, construit vers 1400 pour Jean de Montagu, surintendant des finances de Charles VI au tragique destin, s'inspirait à la fois de la Bastille et du Louvre.

À Vincennes, sur un vieux manoir de chasse de Saint Louis, le Dauphin Charles fit d'abord édifier un donjon monumental, puis, dix ans plus tard, devenu roi, une immense enceinte. Le programme, à l'opposé de celui de la Bastille, associe à des courtines peu élevées d'imposantes tours-résidences autonomes dans leur distribution verticale, incorporant des appartements complets avec garde-robes et latrines. Bien que la forme des tours diffère, le parti général des ouvrages contemporains des châteaux de Blandy et de Chevreuse répond à la même logique. Les tours-portes rectangulaires de Vincennes ont inspiré plus directement celle du manoir royal du Vivier, sans doute due à Charles V, et celle du petit château de Pouilly-le-Fort, tous deux en Brie.

Le retour de la mode du donjon-résidence, mis en scène très ostensiblement à Vincennes, est illustré par des édifices de formes aussi variées que Beauté (manoir royal disparu, près de Nogent-sur-Marne), Bicêtre, Pierrefonds, Montlhéry, Blandy. On en trouve une variante dans les programmes de maisons fortes plus modestes comme celle de Crouy-sur-Ourcq, pourvue d'une haute tour carrée prééminente.

Ces nouveaux châteaux aux toitures, tourelles et cheminées élancées, telles que nous les montrent les miniatures peintes à l'époque par les frères Limbourg pour *les Très Riches Heures du duc Jean de Berry*, sont le cadre de vie d'une société raffinée. Certains appartements sont pourvus de lambris peints, d'étuves, certains parcs de fontaines, et la statuaire a sa place dans les programmes princiers…

Le Louvre au début du XVe siècle, *Les Très Riches Heures du duc de Berry*, le calendrier, le mois d'octobre, détail (© RMN/R.-G. Ojeda).

Ce renouveau des formes comporte le "lancement" de deux accessoires défensifs participant de l'esthétique architecturale : les mâchicoulis sur consoles de pierre, qui remplacent définitivement les hourds en bois, et le pont-levis à flèches, qui supplante la herse dans la défense de la porte du château, désormais subdivisée en charretière et guichet piétonnier. Les mâchicoulis du temps de Charles V, spécialement en Ile-de-France, adoptent une forme à consoles larges, caractéristique que l'on retrouve à Vincennes. On les trouve aussi à la maison forte de Crouy-sur-Ourcq, à Blandy, Pouilly-le-Fort, Farcheville, Mantes. La console classique, plus étroite, s'impose ensuite, comme on le constate à Montlhéry ou à Chevreuse. En phase avec la diffusion des mâchicoulis, on remarque que la fonction défensive se concentre dans ces superstructures et au niveau bas des tours, les étages intermédiaires étant aménagés pour des chambres logeables planchéiées et percées de fenêtres.

Au chapitre des innovations, il convient de mentionner l'affirmation architecturale des cages d'escalier en vis logées dans des tourelles hors œuvre distribuant tours et logis. Les "grandes vis" remplacent les "grands degrés" qui, aux temps antérieurs, reliaient directement la cour à l'étage noble. La

tendance à l'élancement des formes donne à beaucoup de tourelles d'escalier une silhouette de guette, comme au Louvre et à Vincennes, mais aussi à Montlhéry, Le Vivier, Blandy, Marcoussis, La Grange-de-Villeconin (détruit). Il faut aussi souligner la généralisation de la fenêtre à meneaux croisés, moulurée ou simplement chanfreinée.

Le déclin du château fortifié face aux progrès de l'artillerie

L'introduction de l'artillerie à feu dans la fortification des châteaux rend progressivement caduques, au cours du XVe siècle, les formes élancées et délicates des châteaux gothiques : elles persistent cependant çà et là jusqu'au tournant du siècle, comme en témoignent en Ile-de-France le petit château de Vigny, construit pour le cardinal Georges d'Amboise entre 1504 et 1510, les châtelets d'entrée d'Yerres et des Bordes (La Celle), le logis-donjon de Montfort-l'Amaury, ou quelques maisons fortes comme Villeconin ou Vitry (Guignes).

Vestiges du château de Marcoussis.

Les possesseurs de châteaux plus exposés, sinon conçus comme places d'intérêt public, intègrent les nouvelles données de la défense dès le milieu du XVe siècle : archère-canonnière, puis (après 1480) canonnière à la française (à bouche extérieure horizontale), tours plus trapues et plus épaisses, casemates et galeries casematées, boulevards d'artillerie de type fausse-braie ou barbacane. Les exemples de cette adaptation sont rares en Ile-de-France, région pacifiée dès avant la fin de la guerre de Cent Ans. On ne peut guère signaler que l'étonnant petit château de Beynes, dont l'enceinte circulaire offre un véritable catalogue du nouveau vocabulaire défensif, ou la barbacane de celui de Marcoussis. On mentionnera pour mémoire la forteresse à peu près disparue de Dammartin-en-Goële, œuvre d'Antoine de Chabannes, grand homme de guerre et aventurier passé au service de Louis XI. Aux grosses tours casematées au plan en fer à cheval qui flanquaient ce château de Dammartin, on ne peut comparer, en Ile-de-France, que l'unique tour d'artillerie rescapée de l'enceinte de la ville de Mantes.

Peu de châteaux ont été créés *ex nihilo* à cette époque. Souvent, on modernise un château antérieur en aménageant de nouveaux corps de logis, comme à Beynes, Brie-Comte-Robert, Montereau, La Roche-Guyon. On a aussi refondu dans le même but des donjons romans, comme à Nemours, Montfort-l'Amaury ou encore à Chevreuse.

Si le temps des maisons fortes ne s'achève pas là, force est de constater que l'Ile-de-France de l'après-guerre de Cent Ans n'est plus un foyer fécond pour la construction des châteaux, à la différence d'autres régions, comme la Touraine, qui a gagné la faveur des rois depuis Charles VII.

I
L'Yveline, dans l'ancien comté de Montfort

Montfort-l'Amaury ❶
Houdan ❷
Montchauvet ❸
Beynes ❹

Les Montfort comptaient au nombre des grands barons d'Ile-de-France dès le début de la féodalité. Leur assise territoriale peu étendue était bien placée stratégiquement aux frontières de l'Ile-de-France capétienne et de la Normandie ducale. Amaury III de Montfort, grand dynaste du premier tiers du XIIe siècle, fondateur des châteaux de Houdan et Montchauvet, obtint le titre de comte. Autre personnage fameux : Simon de Montfort, le redoutable chef de la croisade contre les cathares albigeois.

Montfort-l'Amaury Château

Par la route : N12, direction Dreux.
Par le train : gare Montparnasse. Depuis la gare, éloignée de la ville, compter 45 min à pied pour rejoindre le château, en empruntant la D76.

**Très ruiné, mais beau site pittoresque et évocateur.
Vue panoramique.**

■ Le chef-lieu du domaine féodal des Montfort eut sans doute un château dès avant l'an mil, fondé par Guillaume, cousin du comte de Hainaut, à qui la terre avait été donnée par le roi Robert le Pieux. La construction d'un donjon de pierre au sommet de l'éminence naturelle qui a donné son nom à la ville, n'est cependant pas antérieure au temps de Simon Ier de Montfort, fondateur, en 1072, du prieuré castral Saint-Laurent. Le donjon roman de Montfort était une très grosse tour de plan décagonal irrégulier, large de 22 mètres et dont les murs avaient été construits en blocage de moellons armé de pièces de bois noyées dans la maçonnerie.

■ Ce donjon, ruiné pendant la guerre de Cent Ans, fut rétabli pour Anne de Bretagne, comtesse de Montfort et reine de France, vers 1490-1500, sous forme d'un insolite manoir fortifié gothique. Une façade neuve aux parements en bandes alternées de brique et de pierre de taille fermait la brèche ouverte dans la grosse tour romane, percée par ailleurs de fenêtres à meneaux, cabinets et couloirs. Motif central de la façade neuve, une tourelle d'escalier en vis à cinq pans couronnée de mâchicoulis reste l'élément le plus spectaculaire des ruines actuelles, avec sa porte au beau décor flamboyant. L'ensemble, abandonné à la ruine dès le XVIIe siècle, était couvert d'un grand comble à lanternon, connu par des gravures de Chastillon, l'ingénieur topographe de Henri IV.

Donjon de Montfort-l'Amaury, détail de la tourelle d'escalier d'Anne de Bretagne.

Ode aux ruines de Montfort-l'Amaury

Je vous aime, ô débris ! et surtout quand l'automne
Prolonge en vos échos sa plainte monotone.
Sous vos abris croulants je voudrais habiter,
Vieilles tours, que le temps l'une vers l'autre incline,
Et qui semblez de loin sur la haute colline,
     Deux noirs géants prêts à lutter.

Lorsque, d'un pas rêveur foulant les grandes herbes,
Je monte jusqu'à vous, restes forts et superbes !
Je contemple longtemps vos créneaux meurtriers,
Et la tour octogone et ses briques rougies ;
Et mon œil, à travers vos brèches élargies,
Voit jouer des enfants où mouraient des guerriers.

Écartez de vos murs ceux que leur chute amuse !
Laissez le seul poète y conduire sa muse,
Lui qui donne du moins une larme au vieux fort,
Et, si l'air froid des nuits sous vos arceaux murmure,
Croit qu'une ombre a froissé la gigantesque armure
     D'Amaury, comte de Montfort.
....

    Victor Hugo, "Odes et ballades"
    Octobre 1825

Houdan Donjon

Par la route : N12.
Par le train : gare Montparnasse, direction Dreux.
Visite : le donjon est ouvert le deuxième dimanche de chaque mois.
De nombreuses activités sont organisées autour du monument.
Pour tout renseignement : www.ledonjondehoudan.fr.fm

**Tour de premier intérêt, bien conservée,
dans un bourg préservé.**

■ Houdan est un exemple typique de bourg castral, fondé avant 1137 par Amaury III de Montfort au nord-ouest de son comté. De fait, le château contrôlait un nœud routier important, proche du comté d'Évreux, dont l'héritage avait échappé à Amaury sur décision de Henri Ier d'Angleterre. Il n'en reste que le donjon, l'enceinte circulaire qui l'environnait ayant disparu à la Révolution avec celle, contemporaine, du premier bourg castral de Houdan.

■ Bien conservée, cette tour adopte des dispositions complexes et originales : c'est un volume grossièrement cylindrique (diamètre : 16 mètres), cantonné de quatre tourelles équidistantes, et octogonal à l'intérieur. Au-dessus d'une salle basse éclairée sur deux côtés de jours évasés à l'extérieur, une salle d'étage noble est percée de fenêtres géminées. À cet étage seulement, les tourelles sont creuses, l'une d'elles abritant un oratoire. Au-dessus, une élévation aveugle n'était pas un étage logeable, mais un surcroît de hauteur donné à la tour pour en cacher le toit. La porte s'ouvre dans une des tourelles, sous le niveau du sol de la salle, racheté par un escalier droit mural, relayé par deux escaliers en vis, l'un descendant à la salle basse, l'autre montant aux couronnements.

■ ■ ■ *Depuis Houdan, on pourra se rendre, en suivant la D983 ou le GR, à Gambais, village dans lequel subsistent une motte fossoyée et les retranchements de terre d'un château du XIe siècle. Compter 4 heures A/R.*

◀ Donjon de Houdan.

Montchauvet Château

Par la route : A14 ou N12 jusqu'à Houdan, puis D983 en direction de Mantes-la-Jolie.
Par le train : gare Saint-Lazare, direction Évreux, jusqu'à Bréval, puis prendre le car (ligne 89) pour Montchavet, situé à 9 km (cars Charpentier au 01 30 93 42 81). On peut également emprunter le GR1.
Cartes IGN : 2114 O et 2114 E.

Ruines très diminuées, mais beau village dans un site naturel préservé.

■ Le bourg de Montchauvet est une "ville neuve" fondée en 1127 (ou 1137) par Amaury de Montfort sur un site stratégique des confins de son comté, à la suite d'un accord avec le roi Louis VI et l'abbaye de Saint-Germain-des-Prés, propriétaire de la terre. Cette fondation avait été précédée de celle d'un château, qui semble s'être réduit à un donjon fondé sur une forte motte artificielle. Cette grosse tour comtale, jadis polygonale, est réduite à deux pans de murs très ruinés. De l'enceinte fortifiée du bourg, seule subsiste la porte de Bretagne (fin XIIe siècle), formant un grand arc brisé à double rouleau encadré de moignons de tourelles.

Beynes Château

Par la route : N12 jusqu'à Jouars-Ponchartrain, puis D191.
Par le train : gare Montparnasse, jusqu'à Beynes.
Visite : ouvert les samedi et dimanche de 10h à 20h ; visite guidée toutes les heures.

Château de premier intérêt. Ruines mises en valeur par un chantier de bénévoles (association Rempart).

■ En 1176, Simon III de Montfort déclarait tenir en fief le château et le domaine de Beynes de l'abbaye parisienne de Saint-Germain-des-Prés. Passé par mariage à la maison de Vendôme qui le conserva jusqu'au début du XVe siècle, le château de Beynes acquit une importance stratégique pendant la guerre de Cent Ans. Robert d'Estouteville, seigneur de Beynes de 1446 à 1479, chambellan de Charles VII et prévôt de Paris, occupe une place de choix dans les événements militaires du temps. Au milieu du XVIe siècle, le

Château de Beynes, la porte sud précédée du ravelin.

domaine de Beynes, confisqué par François Ier, servit de dotation à deux favorites royales. La seconde, Diane de Poitiers, confia en 1558 à son insigne architecte Philibert de l'Orme la construction d'un corps d'hôtel au château de Beynes, travaux dont peu de vestiges sont encore visibles.

■ Ruiné depuis 1732, le château est une construction compacte de plan presque circulaire : en effet, la motte d'origine, aux fossés inondés par la Mauldre, servit seule de support aux deux fortifications, postérieures, emboîtées l'une dans l'autre. Un premier chemisage de la motte, grosse muraille annulaire flanquée de neuf tourelles pleines semi-circulaires, peut remonter au XIIIe siècle. Ce "donjon" est lui-même corseté par une seconde enceinte du XVe siècle (du temps de Robert d'Estouteville) qui en reproduit strictement le plan en dégageant des circulations défensives intermédiaires. Ce sont des casemates voûtées continues au niveau du fossé, et, à l'étage, une "fausse-braie" pavée avec caniveau. Les tours et les murailles sont percées d'arbalétrières-canonnières à trou circulaire et offrent des arases de briques dans le parement de pierres. Ce château est traversé par une chaussée, d'où les deux portes d'origine à herse entre deux tourelles, incorporées aux deux gros ouvrages d'entrée du XVe siècle portant terrasse d'artillerie. Cette chaussée est interceptée dans le fossé, du côté du village, par un ravelin, ouvrage avancé de plan pentagonal à deux niveaux (le premier voûté) relié au château par un pont casematé, et percé d'embrasures de tir plus évoluées que celles du château. À l'étroit dans l'enceinte intérieure, les corps de logis prenant jour sur la chaussée formant cour avaient aussi été refaits au XVᵉ siècle, des latrines à leur usage étant ménagées dans les tourelles pleines.

■ ■ ■ *À quelques kilomètres au sud de Beynes, on pourra voir à Neauphle-le-Château une motte castrale, seul témoin du château fondé au XIᵉ siècle au point haut du village, construit sur une éminence naturelle. Elle portait une tour de pierre. (D'un intérêt très secondaire. Point de vue.)*

II

L'Yveline, dans les anciens fiefs des seigneurs de Chevreuse et de Rochefort

Chevreuse ❺
Châteaufort ❻
Magny-les-Hameaux ❼
Maurepas ❽
Rochefort-en-Yvelines ❾
Bréthencourt ❿
Gometz-le-Châtel ⓫

Issus de la famille de Montlhéry, les seigneurs qui régnaient à la fois sur Chevreuse, Montlhéry, Rochefort et d'autres châteaux du sud et du sud-ouest de l'Ile-de-France furent de ceux qui donnèrent le plus de fil à retordre aux rois de France au tournant des XIe et XIIe siècles. De ces châteaux demeurent les donjons "romans", rectangulaires ou circulaires, ou des mottes. D'autres ont été reconstruits en partie à la fin du Moyen Âge.

Chevreuse Château de la Madeleine

Par la route : N118 depuis Vélizy jusqu'à Saclay, puis N306 en direction de Rambouillet.
Par le train : RER B jusqu'à Saint-Rémy-les-Chevreuse.

Château de tout premier intérêt, malgré la restauration récente. Vue panoramique.

■ L'état actuel des connaissances permet de supposer que le donjon qui subsiste aujourd'hui à Chevreuse était en place lors du siège du château par Louis VI en 1118, relaté par Suger. Ce donjon est situé non au centre, mais à la tangente d'une enceinte polygonale remaniée qui reste en partie celle du château roman. L'ensemble domine la vallée et le bourg de Chevreuse au sud et à l'est, tandis que le front nord de l'enceinte, du côté du plateau, est retranché par un fossé et emboîté dans une basse-cour elle-même fossoyée.

Vue aérienne du château de Chevreuse, front nord
(© Inventaire général/Ph. Ayrault, ADAGP).

▶ Château de Chevreuse, côté sud.

Château de la Madeleine, châtelet d'entrée et tour d'angle fin XIVe-début XVe siècle.

■ Le donjon est une grande tour barlongue (17 mètres sur 12 mètres), rythmée de contreforts plats d'un type courant aux XIe et XIIe siècles. L'élévation, perturbée au XVe siècle par l'aménagement d'un premier étage dans la partie supérieure de l'ancienne salle basse, est encore lisible, avec la porte accédant au premier étage d'origine (actuel deuxième étage) par l'intermédiaire d'un escalier droit mural. D'étroites baies romanes et des latrines, côté ouest, desservaient cet étage roman. L'étage supérieur a disparu en 1732, lors de la construction de l'actuel toit à deux pentes et du mur pignon à grands contreforts fermant le donjon vers la vallée. Des fondations trouvées en fouille prouvent que, à l'origine, le donjon était plus long de ce côté.
■ La forme définitive du château doit beaucoup à une ambitieuse campagne de reconstruction gothique entreprise entre 1366 et 1393 pour Pierre

de Chevreuse, conseiller du roi. D'alors date le front nord de l'enceinte, borné de deux grosses tours circulaires habitables et autonomes dans leur fonctionnement (escalier en vis, latrines) et centré sur une tourelle plus petite engagée dans la courtine. Ces constructions sont parementées en bel appareil de meulière, matériau pourtant ingrat employé aussi pour les mâchicoulis couronnant tours et courtine.

■ Cette campagne restée inachevée fut complétée au début du XVe siècle par la construction, plus hâtive, du châtelet d'entrée à pont-levis entre deux tourelles. Un peu plus tard, sans doute au temps de Nicolas de Chevreuse (c. 1440), le donjon reçut de nouveaux planchers (dont celui d'un premier étage créé de toutes pièces), avec piliers centraux, des cheminées et des fenêtres à meneaux. Les voûtes "en palmier" d'une des deux tours du XIVe siècle ont pu aussi être ajoutées à ce moment. Des bâtiments (remaniés au XVIIIe siècle et démolis en 1988), complétés de deux tours carrées logeables, avaient été adossés au front sud de l'enceinte. Le couronnement des courtines par des arcs formant mâchicoulis entre ces tours et des contreforts, accrédité par des traces et par une gravure de Chastillon (c. 1600), a été "recréé" en 1988, lors d'une restauration générale, énergique et assez sèche, justifiée par l'installation dans l'enceinte de la maison du parc régional des Yvelines.

Châteaufort Donjon

Par la route : N118 depuis Vélizy jusqu'à Saclay, puis D36.
Par le train : RER B jusqu'à Saint-Rémy-les-Chevreuse,
puis car jusqu'à Châteaufort, situé à 5 km.

Ruines très diminuées, visibles d'une ruelle, dans un village traditionnel agréable.

■ Le donjon de Châteaufort est le vestige d'un des trois châteaux qui, dès le XIe siècle, existaient à portée de flèche l'un de l'autre, dans cette localité bien nommée. Seules subsistent les mottes des deux autres, l'une dite "château de Marly", ce qui permet de l'identifier au fief appartenant au début du XIIIe siècle à Mathieu de Marly. L'autre site, dit "la Motte", est plus anonyme, comme celui du donjon dont restent les ruines. L'un des deux correspond à la "tour" des turbulents barons de Montlhéry-Rochefort, du haut de laquelle Hugues de Crécy, sénéchal de France, aurait précipité en 1118 son cousin

Restes du donjon de Châteaufort, saillant carré.

Milon de Bray, héritier de Montlhéry. À en croire la *Chronique de Morigny*, ce donjon était en bois. Après cet épisode, le roi Louis VI le Gros confisqua Châteaufort, Gometz et Montlhéry, qu'il réunit à la Couronne. Le donjon de pierre de Châteaufort a pu être construit après coup sur initiative royale, et daterait donc du premier quart du XIIe siècle. C'était une énorme tour circulaire d'une vingtaine de mètres de diamètre, cantonnée de forts saillants carrés, dont ne reste, d'une élévation jadis imposante, que la moitié du niveau inférieur, correspondant à la salle basse. On remarque encore un corbeau de pierre orné d'une figure grimaçante.

Magny-les-Hameaux Donjon

Par la route : N118 depuis Vélizy jusqu'à Saclay, puis D36.
Par le train : RER B direction Saint-Rémy-les-Chevreuse, puis emprunter le chemin Racine à partir du château de la Madeleine (belle promenade de 7 km). Ou RER C jusqu'à Saint-Quentin-en-Yvelines, puis car.
Cartes IGN : 2215 OT & 2315 OT.

Ruines très diminuées, visibles des abords de l'église, site paisible.

■ Du château médiéval de Magny-l'Essart, siège d'une seigneurie mouvant de Châteaufort, reste principalement une motte coiffée des vestiges d'une large tour polygonale, presque circulaire à l'intérieur. Les pans de murs qui en subsistent sont irrégulièrement étayés de contreforts et offrent deux départs arrachés de courtines qui délimitaient l'enceinte castrale proprement dite. L'archaïsme de ce donjon invite à le dater du premier tiers du XIIe siècle.

Maurepas Donjon

Par la route : N10 depuis Versailles.
Par le train : gare Montparnasse, direction Rambouillet,
jusqu'à La Verrière.

**Ruines intéressantes, bien visibles de l'extérieur.
Site agréable, point de vue.**

■ Au XIe siècle, Maurepas était siège d'une châtellenie mouvant des seigneurs de Chevreuse et inféodée à un lignage seigneurial. La construction du château, avec donjon en pierre sur motte et grande basse-cour de plan arrondi, peut remonter au premier tiers du XIIe siècle. Le donjon, réduit à

Donjon de Maurepas.

une moitié verticale bien conservée, est une belle tour cylindrique cantonnée de contreforts larges et plats, soigneusement construits en pierre de taille. La distribution ancienne rappelle celle de la tour de Houdan : au-dessus d'une salle basse percée de jours ébrasés au-dedans comme au-dehors, et d'une salle seigneuriale à l'unique étage, l'élévation supérieure du mur circulaire est aveugle et porte un chemin de ronde cantonné d'échauguettes qui couronnent les contreforts. La salle d'étage était très habitable, avec ses fenêtres, sa cheminée (ruinée) et son double cabinet de latrines logé dans la masse d'un des contreforts pour déboucher sous arcs au pied de la tour. Les planchers avaient une structure rayonnante, comme le prouve le pilier central en pierre encore en place dans la salle basse.

■ De l'enceinte de la basse-cour, rétrécie au périmètre d'une cour de ferme quadrangulaire vers la fin du Moyen Âge, il ne reste qu'une grande porte en arc brisé attenant à l'église castrale, et une portion de muraille à contreforts, à laquelle s'adosse le logis tardif de la ferme.

Rochefort-en-Yvelines Château

Par la route : A10.
Par le train : RER C jusqu'à Orsay-Ville, puis car ligne 39-07 (cars Savac au 01 30 52 45 00).
Carte IGN : 2216 ET.

Ruines très dégradées mais imposantes, enserrées d'arbres, dominant un village pittoresque.

■ Le château de Gui le Rouge, sénéchal de Philippe Ier, fondateur à la fin du XIe siècle de la branche cadette de la puissante famille de Montlhéry-Chevreuse, est, avec La Roche-Guyon, l'une des rares forteresses "rupestres" d'Ile-de-France. Le socle du château est un étroit éperon gréseux développé sur une longueur de plus de 100 mètres, dominant le village et l'église bâtie à flanc de pente. Les ruines sont principalement celles d'une muraille d'enveloppe épousant le tracé aléatoire du rocher. Cette enceinte était divisée en deux cours inégales par un mur épais transversal percé d'un passage d'où part un escalier rampant dans les maçonneries jusqu'au chemin de ronde, au droit de l'unique tourelle pleine flanquante. On reconnaît les vestiges de la porte principale, vers l'église, et d'une poterne à assommoir, à l'opposé.

Bréthencourt Donjon

Par la route : A10 jusqu'à Bréthencourt, puis D116.
Par le train : RER C jusqu'à Dourdan, puis car ligne 13-18
jusqu'à Saint-Martin de Bréthencourt (cars CGEA au 01 30 59 84 33).
Carte IGN : 2216 ET.

Ruines très diminuées, visibles de l'extérieur de la ferme.

■ La construction du château de Bréthencourt est attribuée, vers la fin du XIe siècle, à Gui le Rouge, seigneur de Rochefort-en-Yvelines, issu de la famille de Montlhéry-Chevreuse. De fait, le donjon, présentant aujourd'hui des ruines très mutilées, était une grande tour barlongue à contreforts plats aux angles et sur les faces, à l'image du donjon de Chevreuse. La forme de l'enceinte qui environnait ce donjon, presque tangente en un point, était un polygone irrégulier de murailles sans tours de flanquement, bordé d'un fossé.

Ruines du donjon de Bréthencourt.

Randonnée de Dourdan à Bréthencourt

De la gare (sortir par le quai direction Dourdan), prendre la rue Amédée-Guénée, puis poursuivre tout droit par la sente Bonniveau. On traverse bientôt un pont qui mène au GR111, que l'on suit jusqu'à la D116 (chemin à travers champs, parallèle à la départementale). Dans la forêt, lorsque le GR invite à tourner à gauche, ne pas le suivre mais poursuivre tout droit jusqu'à se trouver sur un chemin rectiligne (chemin de La Queue-d'Auneau). Continuer jusqu'à une deuxième route goudronnée et prendre à droite un chemin bordé d'arbres, dont le tracé est parfois incertain : ne pas se décourager et avancer toujours tout droit. Arrivé à Bréthencourt, on se trouve face à un château d'eau. Derrière, on aperçoit un porche qu'il faut franchir pour traverser le pré : au fond, une portion de barrière a été ôtée pour faciliter l'accès à la ruine, située sur la gauche.

Gometz-le-Châtel Motte

Par la route : A10. À la sortie d'Orsay, prendre la N188 puis la D988.
Par le train : RER B jusqu'à La Hacquinière, puis car (station Voltaire) ligne 006-001 (Cars d'Orsay au 01 64 49 54 49).

Site et village à découvrir. Point de vue.

■ Du château des Montlhéry-Rochefort, construit sur un promontoire naturel, reste une motte escarpée au point culminant, dominant l'église et le pittoresque village, jadis enclos dans les murs du château.

Site castral de Gometz-le-Châtel.

III
Les anciennes baronnies du nord de l'Ile-de-France

Beaumont-sur-Oise ⑫
Luzarches ⑬ ⑭
Conflans-Sainte-Honorine ⑮
Montlignon ⑯
Louvres ⑰

Les sires de Beaumont et de Clermont furent les grands barons du nord de l'Ile-de-France, à l'époque romane, beaucoup plus loyalistes que ceux du sud. Leur domaine, qualifié de comté comme celui des Montfort, n'en passera pas moins en douceur dans le domaine royal au XIIIe siècle. Certains sites de ce secteur rappellent d'autres seigneurs comme les Montmorency.

Beaumont-sur-Oise Château

Par la route : N1 puis D922, par Mours.
Par le train : gare du Nord jusqu'à Persan-Beaumont.

Château important au cœur du bourg, très mutilé, mais remis en valeur par un chantier de fouilles archéologiques.

■ Beaumont était le chef-lieu d'un des grands fiefs d'Ile-de-France, érigé en comté dès le début du XIe siècle. Le site réunit les caractéristiques des fondations castrales du temps : sur un rebord de plateau dominant abruptement la vallée de l'Oise, un mur d'enceinte de plan polygonal-ovalaire (100 mètres sur 80 mètres) abrite le couple classique donjon barlong et collégiale castrale (Saint-Léonor). De cette église, fondée en balcon sur la vallée vers 1029, Mathieu Ier de Beaumont fit, vers 1110, un prieuré clunisien dépendant de Saint-Martin-des-Champs à Paris, ce qui entraîna l'adjonction d'un cloître et d'un réfectoire. C'est peut-être au même seigneur, ou à l'un de ses prédécesseurs, qu'on doit l'érection du donjon. Les dimensions de cette tour du chef-lieu de comté sont imposantes :

Ruines du donjon de Beaumont-sur-Oise et de sa chapelle.

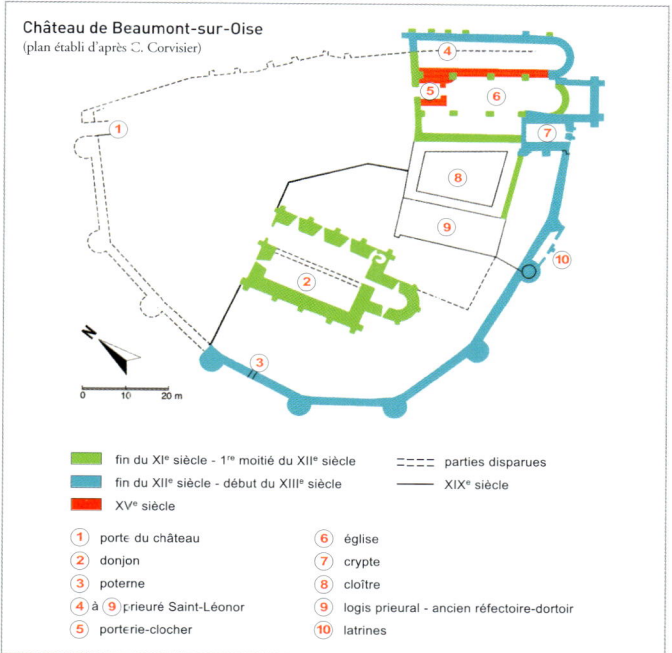

26,75 mètres sur 19 mètres. Entièrement en pierre de taille, la construction est raidie de contreforts minces et intègre une cage d'escalier en vis dans un angle. La particularité la plus originale de ce donjon est d'être prolongé sur un de ses petits côtés d'un avant-corps terminé en abside semi-circulaire, qui devait abriter à l'étage la chapelle domestique, comme à la tour de Londres. En France, dès l'an mil, cette formule existait aux donjons de pierre précoces d'Ivry-la-Bataille en Normandie et Pithiviers en Gâtinais, et sera reprise à la tour de Grez-sur-Loing. L'enceinte du château de Beaumont est flanquée de tourelles cylindriques pleines régulièrement espacées (cinq sur huit subsistent) en grand appareil. Cette réalisation précède sans doute de peu la diffusion des modèles de la fortification philippienne, tout en s'inspirant des enceintes des *castra* antiques comme Senlis. Arasé et remparé en terre durant la Ligue (avant 1590) pour porter le canon, le château a été dégagé et redécouvert par les campagnes de fouilles des années 1980.

Luzarches Châteaux

Par la route : N1 jusqu'à Pierrefitte, puis N16 en direction de Chantilly.
Par le train : gare du Nord.

Château Saint-Côme

Site pittoresque, mais propriété privée. Intérêt secondaire.

■ Du château initial de Luzarches, au point haut du site, vraisemblablement réédifié en pierre pour Mathieu Ier de Beaumont vers 1100, subsiste la souche d'un donjon barlong à contreforts (15,60 mètres sur 19 mètres) et les restes d'une enceinte rapprochée. Les vestiges comprennent ceux de la collégiale castrale Saint-Côme (piliers adossés à chapiteaux et arrachements de voûtes : fin XIIe siècle). Le donjon, dont la face tournée vers l'attaque forme un mur bouclier surépaissi sans contreforts, est réduit à l'élévation (environ 10 mètres) de son ancienne salle basse aux murs massifs. Une villa "pittoresque" à trois étages, dont un en surélévation avec balcon panoramique, y a été aménagée au XIXe siècle. Une tour-porte, en contrebas dans le village, qu'on peut dater du début du XIIIe siècle (excepté les étages "gothique troubadour" du XIXe siècle), correspond à l'entrée de la basse-cour ou du premier bourg castral.

Restes du donjon du château Saint-Côme, avec porte néogothique du XIXe siècle.

Château de la Motte

Dans un parc récemment ouvert au public (rue François-de-Ganay, 95270 Luzarches). Intérêt secondaire.

■ La Motte est fondée à la fin du XIe siècle pour être le siège du fief des comtes de Clermont, à l'issue du partage de la terre de Luzarches entre Hugues de Clermont et son gendre Mathieu Ier de Beaumont. Passée par alliance à la famille Le Bouteiller de Senlis, la motte primitive, encore visible, fut complétée au début du XIIIe siècle par une enceinte de pierre édifiée dans les normes de l'architecture militaire philippienne. Le seigneur d'alors, mort en 1221, avait obtenu de Philippe Auguste l'hérédité de la charge de bouteiller royal dont sa famille tirait son nom. Dans le parc paysager actuel, cinq des tours qui flanquaient cette enceinte trapézoïdale ont survécu, dont deux tours de milieu de courtine (l'une faisait sans doute partie de l'ouvrage d'entrée). Circulaires ou semi-circulaires, talutées à la base, ces tours avaient deux niveaux voûtés d'ogives (traces) et percés d'archères.

Conflans-Sainte-Honorine Tour Montjoie

Par la route : A15 jusqu'à Cergy, puis N184 sur la gauche.
Par le train : gare Saint-Lazare ou RER A, arrêt Conflans-Fin d'Oise.

Tour de premier intérêt, accessible et récemment restaurée.

■ Conflans était le siège d'une seigneurie avec château, tenue de l'évêque de Paris par les comtes de Beaumont du XIe siècle à 1268, date de la réunion du comté à la Couronne. Les seigneurs de Montmorency étaient vassaux des Beaumont pour la moitié du fief, mais la tour "Montjoie" appartenait très certainement aux Beaumont. Préservée de la ruine mais non remaniée, cette tour est un précieux témoin de l'architecture seigneuriale romane en Ile-de-France, du fait de la conservation intégrale de ses quatre murs. Bien que de dimensions équivalentes (16,70 mètres sur 11,60 mètres) à celles d'autres donjons du temps, royaux ou comtaux, comme Bréthencourt ou Grez-sur-Loing, la tour Montjoie est moins martiale d'aspect : ses murs, assez peu épais, en bel appareil de pierre de taille sont dépourvus de contreforts, et ses deux étages

Tour Montjoie.

résidentiels sont abondamment percés de fenêtres et équipés de plusieurs cheminées. Au-dessus de la salle basse percée de jours étroits, le premier étage, où s'ouvre la porte, était recoupé de cloisons isolant au moins deux salles, dont une à fenêtres géminées et escalier de bois accédant à l'étage supérieur pourvu d'une "loge", ou balcon sous arcade ouvert vers l'extérieur. Cette tour, plus civile que militaire, pourrait avoir été construite vers la fin du XIe siècle.

Montlignon Château de la Chasse

Par la route : depuis Saint-Denis, N214, N328, qui devient D328,
jusqu'à Eaubonne, puis D909 sur la droite.
Par le train : RER C, direction Argenteuil, jusqu'à Ermont-Eaubonne.
Le manoir se trouve à 2 km environ.

**But d'une agréable promenade en forêt.
Pittoresque altéré par les restaurations.**

■ Ce petit manoir fortifié de plan carré cantonné de tours circulaires est plus à l'échelle d'un donjon qu'à celle d'un château. Vraisemblablement construit vers 1207 (première mention) pour servir de rendez-vous de chasse à Mathieu II de Montmorency, il ne semble pas avoir été alors complété d'une enceinte de basse-cour. C'est au moins ce que l'on peut induire

de son isolement par un fossé, et surtout des archères percées dans ses tours, assurant de façon homogène la défense des abords, donc la totale autonomie défensive de l'édifice. On remarque la présence insolite d'une arête de maçonnerie soulignant l'axe de chacune des tours. Le programme résidentiel n'était pas négligé pour autant, comme en témoignent les fenêtres géminées à lancettes incisées dans le linteau, ménagées dans les murs et les tours de la partie du volume formant corps de logis. Si les tours ont été tronquées obliquement lors d'un réaménagement du début du XIXe siècle, l'altération du caractère initial a été aggravée vers 1985 par une restauration hygiéniste qui a recouvert les parements d'un enduit à pierres vues.

Louvres Château d'Orville

Par la route : N17, puis D104 sur la gauche.

Site très détruit, en cours de redécouverte par un chantier de fouilles archéologiques.

■ Ce château méconnu, mentionné pendant la guerre de Cent Ans, déjà détruit au XVIIIe siècle, est réduit à son périmètre rectangulaire fossoyé, conservant des vestiges enterrés de constructions en belle pierre de taille. Une fouille programmée actuellement redécouvre d'autres éléments, dont les restes de la porte à pont-levis.

IV
Le Vexin français, entre Seine, Oise et Epte

La Roche-Guyon ⑱
Saint-Clair-sur-Epte ⑲
Chaussy ⑳
Bonnières ㉑

Cergy ㉒
Mantes-la-Jolie ㉓
Poissy ㉔
Vigny ㉕

Frontière historique entre Ile-de-France et Normandie, la vallée de l'Epte conserve moins de vestiges de châteaux forts antérieurs à la conquête de 1204 du côté français que sur sa rive normande. La Roche-Guyon, au confluent de l'Epte dans la Seine, est le site majeur. On peut découvrir, en revanche, dans le Vexin français, des témoins divers, souvent méconnus, de périodes postérieures.

La Roche-Guyon Château

Par la route : N13 jusqu'à Saint-Germain, puis A13 jusqu'à Mantes, suivre ensuite la D147, puis la D913.
Par le train : gare Saint-Lazare jusqu'à Bonnières, puis emprunter le GR2 (trajet 2 h). Pas de liaison directe par car.
Visite : ouvert du 15 mars au 15 novembre de 10h à 18h et de 10h à 19h (week-ends et jours fériés). Du 16 novembre au 14 mars de 10h à 16h et de 10h à 17h (week-ends et jours fériés). Renseignements au 01 34 79 74 42.

L'un des sites majeurs d'Ile-de-France par son intérêt architectural et la qualité du site naturel.

■ Dans sa *Vie de Louis VI*, Suger décrit le premier château de La Roche-Guyon assiégé par le roi en 1109 comme une lugubre demeure troglodyte de seigneurs brigands, entièrement creusée dans la falaise qui surplombe la Seine. La position stratégique du lieu, proche du confluent de l'Epte dans la Seine, en faisait un pion essentiel de la partie d'échecs opposant Philippe Auguste aux rois-ducs Plantagenêts, maîtres de la Normandie. Généreux envers le seigneur local Gui de La Roche, le roi de France lui imposa, en contrepartie, la construction d'une fortification royale au sommet de la falaise où se nichait le château seigneurial. Ce donjon défensif

▲ Vue aérienne du donjon de La Roche-Guyon (© Ph. Lhomel).
◀ Château de la Roche-Guyon sur les bords de la Seine.
Gravure d'Israël Silvestre (© C. Corvisier).

et ostentatoire est composé d'une tour circulaire renforcée d'un éperon triangulaire de maçonnerie pleine, tour qu'enveloppe une double enceinte rapprochée concentrique, également à éperons. Ce donjon opposait ainsi du côté dominé trois éperons rébarbatifs échelonnés dans le même axe, tandis que, vers la vallée, la tour, plus haute à l'origine (étages desservis par un escalier en vis mural), était percée de fenêtres, et l'enceinte extérieure de deux poternes. L'accès principal se faisait depuis le bas du site par un escalier foré dans la masse de la falaise qui débouchait au sol à l'intérieur de l'enceinte intérieure du donjon. L'escalier, ainsi que d'autres espaces troglodytiques d'âge divers, existe encore en totalité.

■ Le château seigneurial au pied de la falaise, aujourd'hui ensemble complexe largement recomposé au XVIIIe siècle, conserve cependant d'importants éléments médiévaux : le gros œuvre du long corps de logis principal, la tour-porte carrée qui le termine à un angle de la façade sur la Seine et, à l'autre bout, une tourelle d'angle flanquant la porte traversante (masquée par un pavillon XVIIIe siècle) qui donnait accès à l'étroite cour entre ce logis et la falaise. Cet ensemble, précédé d'une basse-cour jadis fortifiée (cour des écuries actuelle), peut remonter au XIIIe siècle, mais avait été remanié au XVe siècle, notamment par l'adjonction de mâchicoulis et le percement de grandes fenêtres.

Saint-Clair-sur-Epte Château

Par la route : A15 jusqu'à Cergy, puis N14 direction Rouen.
Par le train : RER A jusqu'à Cergy-Saint-Christophe, puis car 95-04 (trajet 1 h).
Carte IGN : 2112 E.

Ruines d'importance secondaire, visibles d'un chemin public en bordure du village.

■ Saint-Clair s'est illustré dans l'histoire par le fameux traité de 911 concédant aux Normands les territoires situés à l'ouest de l'Epte. Ce point de passage de l'Epte, stratégique jusqu'à la conquête de 1204, avait un château fort établi en fond de vallée, dont restent quelques vestiges pouvant remonter à la fin du XIIe siècle. L'essentiel est un ouvrage d'entrée constitué d'un long passage voûté en berceau, sans herse, encadré de murs bien appareillés formant en façade deux tourelles pleines à pans. Cette porte donnait accès à une enceinte dont le plan n'est plus reconstituable ; seule subsiste une tourelle d'angle circulaire isolée.

Vestiges du château de Saint-Clair-sur-Epte.

Chaussy Tour de Méré

Par la route : N14 jusqu'à Magny-en-Vexin, puis D86 (sur la gauche) ; à Bray-et-Lu, prendre la D143.
Par le train : RER A jusqu'à Cergy-Saint-Christophe, puis prendre le bus 95-04 jusqu'à Magny-en-Vexin (station Eugène-Blouin) et le bus 95-43 jusqu'à Chaussy (trajet 1 h).
Carte IGN : 21´3 E.

Site d'intérêt secondaire, belle ferme du Vexin.

■ De ce petit château peu connu, encore imposant au XIXe siècle, mais remplacé depuis par une grande ferme, ne reste aujourd'hui qu'une tour circulaire élancée accotée d'une tourelle d'escalier, attenante à un pan de courtine percé d'archères. Ces éléments préservés peuvent remonter au XIVe siècle, époque à laquelle le fief appartenait aux Pillavoine de Méré.

▲ L'ancien château de Méré vers 1820, lithographie de F. Villeneuve (© C. Corvisier).

► Tour de Méré.

Bonnières Tour du Mesnil-Regnard

Par la route : N13 depuis Saint-Germain, ou A13.
Par le train : gare Saint-Lazare (grandes lignes), direction Vernon.
Cartes IGN : 2113 O et 2113 E.

Ruines très diminuées, visibles dans un enclos privé, site paisible.

■ Le château, qui relevait au XIIe siècle du duché de Normandie, est cité par le chroniqueur du règne de Philippe Auguste, Guillaume le Breton, à propos d'une expédition militaire de Henri II Plantagenêt dans la région de Mantes en 1188. La tour sur motte, sans doute antérieure à cette date, minée lors des guerres de la Ligue, et aujourd'hui très ruinée, était à peu près carrée (11 mètres de côté). Elle comportait deux étages planchéiés au-dessus d'une salle basse en partie emmottée.

Cergy Maison forte

Par la route : A15, jusqu'à Cergy-Préfecture, puis suivre la direction du port de Cergy.
Par le train : RER A, direction Cergy-le-Haut, jusqu'à Cergy-Préfecture, puis bus 38 (arrêt Boulevard-du-Port).
Visite : ouvert certains jours seulement. Renseignements auprès de la Maison du patrimoine de Cergy au 01 30 32 07 13.

Édifice d'intérêt secondaire, bien visible de l'extérieur au centre du vieux Cergy.

■ Les abbés de Saint-Denis possédaient à Cergy un manoir fortifié dont subsistent d'importants éléments près de l'église paroissiale. Le pavillon d'entrée, récemment restauré, est presque complet ; il était jadis pourvu d'une tourelle en encorbellement sur contreforts à chacun des quatre angles de l'étage logeable, dont deux ont été conservés. Des restes du mur d'enceinte relient ce pavillon à une tour circulaire crénelée. Le tout, en pierre de taille tendre bien appareillée, paraît remonter à la seconde moitié du XIIIe siècle.

Mantes-la-Jolie Enceinte de ville

Par la route : A13.
Par le train : gare Montparnasse ou Saint-Lazare.

**Élément principal de l'enceinte disparue du vieux Mantes.
À découvrir.**

■ Contrairement au château royal de Mantes, l'enceinte urbaine, construite en plusieurs étapes à partir du XIIe siècle, a laissé quelques vestiges rescapés du démantèlement conduit aux XVIIIe et XIXe siècles. La tour Saint-Martin,

le plus significatif des ouvrages conservés, est une tour d'artillerie au plan en fer à cheval construite en 1446, soit pendant l'occupation anglaise de Mantes (1419-1449). Elle est construite en médiocre parement de moellons, avec chaînages, et comporte des mâchicoulis à consoles larges. Quoique abritant trois étages voûtés d'ogives sous sa plate-forme supérieure, elle est trapue et correspond au type des tours de défense de la seconde moitié du XVe siècle opposant aux progrès du canon une masse plus résistante. Les embrasures de tir étaient des arbalétrières-canonnières, adaptées à des tubes à feu de type veuglaire, et percées au fond de casemates murales. Toutes, sauf une (enterrée), ont été transformées en fenêtres lors de l'aménagement de la tour en atelier au XIXe siècle.

▲ Tour Saint-Martin de l'enceinte urbaine de Mantes-la-Jolie.
◄ Pavillon d'entrée de la maison forte de Cergy.

Poissy Tour de Béthemont

Par la route : A13 jusqu'à Poissy, N13 vers Paris, puis prendre à droite, direction Orgeval.
Par le train : gare du Nord, direction Persan-Beaumont, jusqu'à Bessancourt.
Carte IGN : 2214 T.

Tour ruinée d'intérêt secondaire dans un beau parc semi-public. Point de vue.

■ Isolée sur une éminence dominant Poissy à distance, la tour de Béthemont, dont l'histoire est ignorée avant la guerre de Cent Ans, est une construction du XIIIe siècle, peut-être royale. Il s'agit d'une grosse tour circulaire talutée en bel appareil de pierre de taille dont les étages (au-dessus d'une salle basse voûtée d'ogives), percés d'archères non superposées, étaient reliés par un escalier en vis. Fondée sur une sorte de motte et aujourd'hui éventrée, cette tour pourrait, au mieux, avoir été placée en bordure d'une petite enceinte dont toute trace a disparu.

Le château de Vigny vers 1820, lithographie d'Asselineau (© C. Corvisier).

Vigny Château

Par la route : N14.
Par le train : RER A jusqu'à Cergy-Saint-Christophe, puis bus 95-06 jusqu'à Vigny.
Carte IGN : 2213 O.

Type de château unique en Ile-de-France.

■ Le petit château de Vigny offre l'intérêt d'être le seul exemple francilien d'architecture gothique flamboyante appliquée à un château fortifié. Le parti d'origine, dont ne reste que le front d'entrée intégralement conservé (toitures comprises) avec pavillon central à deux tours et pont-levis, tours d'angle et mâchicoulis, est assez peu original dans la mesure où il reproduit en "modèle réduit" la façade d'entrée du Louvre de Charles V, en y ajoutant des détails ornementaux plus évolués, notamment pour les lucarnes. L'absence d'ornements Renaissance et la modestie des proportions pourraient faire douter de l'attribution traditionnelle de l'œuvre au cardinal Georges d'Amboise, fastueux ministre du roi Louis XII, qui posséda Vigny de 1504 à 1510, date de sa mort. On doit cependant noter la parenté du style gothique du château de Vigny avec celui de châteaux de la Loire réalisés vers 1500, dont Chaumont, en partie construit sous la maîtrise d'ouvrage de Georges d'Amboise. Les ailes en retour et le "donjon" du château de Vigny sont une création néogothique, d'ailleurs remarquable, des années 1890.

V

Les châteaux du sud du domaine royal, Hurepoix, Gâtinais

Montlhéry	26	Grez-sur-Loing	31
Marcoussis	27	Moret-sur-Loing	32
Dourdan	28	Dormelles	33
Étampes	29	Diant	34
Bouville	30	Nemours	35
		Gazeran	36

Les rois capétiens avaient hérité de leurs prédécesseurs carolingiens un domaine propre au sud et au sud-est de l'Ile-de-France, dont faisaient partie Dourdan, Étampes, Moret. Montlhéry, point d'appui des barons indociles du Sud, fut réuni à ce domaine par Louis VI en 1118. Nul étonnement que ces lieux conservent les plus beaux fleurons de l'architecture royale castrale d'Ile-de-France pour les XIIe et XIIIe siècles. On y trouve aussi de beaux exemples de châteaux de grands officiers et fidèles serviteurs de la Couronne, à Nemours, Diant, Farcheville, Marcoussis, de la fin du XIIe au début du XIVe siècle.

Montlhéry Château

Par le train : RER C, jusqu'à Saint-Michel-sur-Orge, ou RER B, jusqu'à Massy-Palaiseau, puis bus.
Par la route : N20, direction Orléans, ou A10-A6 et Francilienne, sortie Montlhéry-Sud.
Après travaux, la visite de la tour sera rouverte au public en 2004.
Se renseigner à l'office de tourisme : 01 69 01 70 11.

Site majeur, très évocateur. Vue panoramique exceptionnelle du haut de la tour.

■ La "tour de Montlhéry", dominant la route d'Orléans sur une haute éminence naturelle, est le donjon d'un château dont le contrôle fut un enjeu majeur pour les premiers Capétiens. En 1106, lorsque le roi Philippe Ier fit démanteler le château de Gui Troussel, c'est une tour de bois qui se dressait sur la butte de Montlhéry. Louis VI le Gros finira par confisquer ce château en 1118 pour le réunir au domaine royal.

■ Il ne subsiste rien de cette époque, car l'ensemble a fait l'objet d'une campagne de reconstruction complète attribuable sans équivoque à Philippe Auguste. L'espace restreint de la plate-forme sommitale de la butte fut aménagé pour une enceinte de plan rationnel à courtines rectilignes et tours d'angle circulaires à archères et base en talus, dessinant un pentagone allongé. L'entrée s'effectuait par une tour-porte carrée pourvue d'une herse. À l'opposé, la pointe du pentagone est occupée en figure de proue par la tour maîtresse, d'un diamètre un peu plus fort que celui des quatre autres tours de l'enceinte, mais plus modeste

La "tour de Montlhéry".

Les vestiges du château de Montlhéry vus de la tour (© Inventaire général/Ph. Ayrault, ADAGP).

que celui des autres donjons du roi capétien, tel celui de Dourdan. Les ressemblances sont pourtant évidentes : on notera les deux poternes percées au premier niveau de cette tour, l'une sur la cour, l'autre vers les dehors, munie d'une herse. Les deux salles superposées, reliées par des segments d'escalier rampant dans le mur courbe, sont hexagonales, voûtées d'ogives et percées de baies à coussièges. Cette tour a été fortement surhaussée vers la fin du XIVe siècle, peut-être sur l'initiative du connétable Olivier de Clisson à qui le château avait été confié entre 1382 et 1392. Arasée au-dessus du second niveau, la tour reçut alors quatre étages supplémentaires, distribués par une vis en tourelle hors œuvre. Ces chambres de plan carré à cheminées murales et latrines en avant-corps sur cour (réduit à ses arrachements) étaient très confortables. Le quatrième étage est ceinturé d'un chemin de ronde à mâchicoulis surmonté par la haute élévation en retrait du cinquième étage, qui donne au couronnement la silhouette caractéristique de divers châteaux gothiques édifiés de la fin du XIVe siècle au XVe siècle, dont le Louvre de Charles V fournissait le modèle.

Marcoussis Château

Par la route : N20 jusqu'à Montlhéry, puis D24 sur la droite.
Par le train : RER B jusqu'à Massy-Palaiseau, puis bus ligne DM11. L'accès au château se fait par le lycée professionnel d'horticulture, 53, avenue Massenat-Deroche, 91460 Marcoussis.

Situées non loin de Montlhéry, ces ruines d'importance secondaire se trouvent dans un agréable parc paysager semi-public.

■ Jean de Montagu, favori de Charles VI, hissé aux hautes fonctions de surintendant des finances, avait hérité, en 1388, d'une maison forte à Marcoussis, dont il fit entreprendre la reconstruction entre 1400 et 1409, date de sa disgrâce et de son martyre. Par le plan rectangulaire long à tours circulaires rapprochées et les proportions générales, ce château neuf s'inspirait du modèle de la Bastille Saint-Antoine à Paris, à laquelle il empruntait le principe des deux portes opposées au milieu des grands côtés, et surtout celui des courtines hautes permettant un couronnement continu non dominé par les tours. La porte principale affichait une représentation sculptée du roi, apparentée aux effigies royales de la porte de la Bastille. Toutefois, par son ampleur et ses parties hautes, l'ouvrage d'entrée à deux tours, jadis couvert d'un haut toit en pavillon et garni d'une guette, rappelait davantage ceux du Louvre, autre château parisien de Charles V. Depuis sa démolition volontaire en 1805, il ne reste de ce château que les soubassements (avec caves) entourés de douves en eau, une tour d'angle épargnée, et les restes d'un ouvrage avancé de protection de la porte ou barbacane, qui avait dû être ajouté au cours du XVe siècle, comme le suggèrent ses archères-canonnières d'un type trop évolué pour 1400.

◀ Vue gravée du château de Marcoussis au XVIIe siècle (© C. Corvisier).

▶ Tour d'angle conservée du château de Marcoussis.

Dourdan Château

Par la route : N20, puis D116 sur la droite (juste avant Arpajon).
Par le train : RER C. Descendre à Dourdan.
Visite : ouvert du mercredi au dimanche, de 10h à 12h et de 14h à 18h (17h le vendredi). Renseignements au 01 64 59 66 83. Voir aussi le site du château : www.mairie-dourdan.fr.

Château majeur, aménagé en musée municipal (maquette du château).

■ La ville natale supposée d'Hugues Capet fut choisie par un autre grand Capétien, Philippe Auguste, pour construire un château digne du lignage royal, le dernier d'un règne fécond en chantiers. De fait, Dourdan reste aujourd'hui le plus représentatif et le plus complètement conservé des châteaux construits à neuf pour ce roi. Il représente la synthèse des formules les plus "classiques" de l'architecture philippienne : plan à peu près carré (70 mètres de côté), tours rondes à archères, porte entre deux tours (avec herse, assommoir et vantaux), donjon circulaire détaché à un angle. La consécration, en avril 1222, de la chapelle fondée par le roi "en son nouveau château" donne la date de l'achèvement du chantier. Le plan général, la structure du fossé au sol pavé et à contrescarpe maçonnée, réitèrent

le parti mis en œuvre plus luxueusement au Louvre quelques années plus tôt. La différence la plus nette est la position du donjon, qui, à Dourdan, est conforme au standard habituel de la fortification philippienne. On trouve dans cette grosse tour un puits et deux poternes à pont-levis en vis-à-vis au premier niveau, l'une vers la cour du château, l'autre vers la campagne. On y note – fait non moins typique – l'absence des

Donjon du château de Dourdan.

Salle d'étage du donjon de Dourdan.

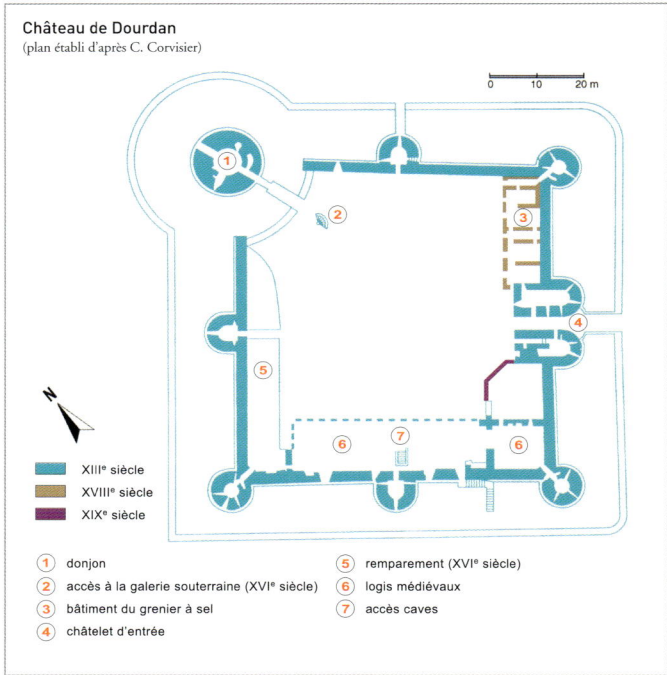

archères, par ailleurs rationnellement réparties sur deux niveaux dans les huit autres tours de l'enceinte. Les escaliers muraux, rampants et en vis, se retrouvent tant au donjon qu'aux tours de flanquement, de même que le voûtement des étages. La mise en œuvre des voûtes d'ogives du donjon fait l'objet d'un soin particulier, alors que certaines des tours de l'enceinte ne sont couvertes que de coupoles plus économiques.

Une miniature des *Très Riches Heures du duc de Berry* montre l'état des lieux au XVe siècle, avec un hourd en haut du donjon. On voit aussi que, au logis d'origine, attenant à l'ouvrage d'entrée, avait été ajoutée à droite de la cour une aile gothique plus élancée qui n'existe plus aujourd'hui.

■ ■ ■ *De Dourdan, on pourra se rendre à Bréthencourt (itinéraire p. 43).*

Étampes Donjon

Par la route : N20, direction Orléans.
Par le train : RER C jusqu'à Étampes. Accès : sortir par le quai, direction Paris. Suivre une sorte de couloir avec, à gauche, un muret. Juste avant le parking, prendre à droite un escalier étroit, qui se continue en un chemin menant à la tour.

Édifice de premier intérêt, mais visite intérieure interdite car trop périlleuse.

■ La tour Guinette est l'ancien donjon du château royal d'Étampes, fondé vers 1130 à flanc de coteau sur une position dominant la ville. Avant Louis IV le Gros, les souverains disposaient d'un palais en ville, dit "le Séjour". Les enceintes et les bâtiments disparus qui environnaient la tour prennent l'aspect d'un château gothique sur une miniature des *Très Riches Heures du duc de Berry* (début du XVe siècle). La tour Guinette, en revanche, crevassée mais assez complète, est une œuvre homogène du premier tiers du XIIe siècle, comme le prouve le style des chapiteaux et bases des colonnes ornant la salle du second étage.

Le château d'Étampes au début du XVe siècle : *Les Très Riches Heures du duc de Berry*, le calendrier, le mois d'avril, détail (© RMN/R.-G. Ojeda).

■ L'édifice, très monumental, est d'une conception en plan unique en France, dite quadrilobée, qui résulte de la fusion de quatre demi-tours cylindriques de 13 mètres de diamètre, ce qui donne à l'intérieur un volume central important cantonné d'exèdres ouvertes. La porte, percée dans un angle

Les ruines du donjon d'Étampes.

rentrant entre deux demi-tours, à mi-niveau entre salle basse et premier étage, dessert l'une et l'autre par un segment d'escalier rampant dans le mur. Le mode de circulation verticale se reproduit du premier au second étage, mais se poursuit au-dessus dans un escalier en vis. La salle du second étage était la plus somptueuse, jadis traversée de deux grands arcs diaphragmes se croisant, portés par les colonnes à chapiteaux. Dans cette élévation, les exèdres des tours, une sur deux équipée d'une cheminée, étaient recoupées d'un plancher formant tribune. Dans les murs de l'une était ménagé un oratoire (ruiné par la grande brèche). Un puits et des latrines à fosse complétaient les aménagements des étages dont le premier seul reçut un voûtement (détruit) au XIIIe siècle.

Bouville Château de Farcheville

Par la route : depuis Étampes, prendre la N191, puis la D837 ;
Farcheville se trouve au croisement avec la D145 (sur la droite).
Par le train : gare de Lyon jusqu'à Boutigny-sur-Essonne.
Puis suivre le GR1, puis le GR11 jusqu'au château.
Cartes IGN : 2216 ET et 2316 ET.

Château de premier intérêt, mais malheureusement peu visible (accès interdit).

■ La grande maison forte construite à neuf à partir de 1291 pour Hugues II de Bouville, chambellan de Philippe le Bel, est bien conservée, mais peu accessible. C'est avant tout une vaste enceinte trapézoïdale fossoyée (85 mètres/71 mètres/56 mètres et 59 mètres), dont trois des angles sont flanqués de tours circulaires très petites. Ce parti évoque l'enclos de certaines "granges" monastiques. Le caractère le plus marquant et ostentatoire de cette enceinte, fort rare en Ile-de-France, est l'ordonnance d'arcs brisés à mâchicoulis sur contreforts qui habille les murailles au-dehors.

Vue aérienne du château de Farcheville
(© La Documentation française/Interphotothèque Photo Verney).

Il eût été plus efficace pour la défense active de munir les angles de véritables tours de flanquement à archères : ces arcs monumentaux et le chemin de ronde crénelé qui les couronne visaient avant tout à l'effet, but atteint d'ailleurs au-delà des espérances du maître d'ouvrage puisqu'ils furent en grande partie démolis à la Révolution en tant que "symboles de féodalité" avant d'être rétablis en 1899. L'entrée du château est logée dans un pavillon monumental, avec porte extérieure charretière et piétonne sans pont-levis, qui était encadrée de deux grêles tourelles carrées, dont l'une subsiste. L'autre, à gauche, est remplacée par un pavillon du XVIIe siècle saillant dans le fossé. Au-dessus de la porte, un grand arc-mâchicoulis analogue à ceux des courtines a été bouché (au XVe siècle ?) par un mur-écran que portent plus bas des mâchicoulis à consoles larges. Des bâtiments intérieurs, seuls ceux en fond de cour, assez simples, sont en partie médiévaux. À proximité, la chapelle, enclavée dans la muraille d'enceinte, a une voûte lambrissée peinte (anges musiciens), sans doute d'origine.

Grez-sur-Loing Donjon

Par la route : N7. Grez se trouve peu après Fontainebleau.
Par le train : gare de Lyon, direction Montargis jusqu'à Bourron-Marlotte – Grez. Le site se trouve à 3 km environ.

Belle ruine parfaitement visible dans un site accueillant et paisible.

■ Depuis la réunion du Gâtinais au domaine royal, Grez est un bien des rois de France, qui en useront à titre privé, notamment comme lieu de résidence secondaire des reines mères. La "tour de Ganne" est donc un donjon royal, attribuable par ses caractéristiques au XIIe siècle, et qu'on suppose édifié pour Louis VI le Gros. Ruiné de longue date, et privé de l'enceinte extérieure dont Claude Chastillon put dessiner les ruines vers 1600, le donjon

Ruine de la chapelle du donjon de Grez-sur-Loing.

Donjon de Grez-sur-Loing.

est pur de remaniements. Éventrée sur un tiers de son volume initial, cette tour barlongue (16,30 mètres sur 12,10 mètres) à contreforts d'angle n'abritait qu'un étage résidentiel, percé de nombreuses fenêtres, porté par un plancher couvrant une salle basse particulièrement élevée. La porte de la tour est encore en place à l'étage, calée au ras d'un contrefort, donc défendue par une des échauguettes qui coiffaient les angles au niveau du couronnement défensif. Le confort de cet étage était complété par un cabinet de latrines encorbellé, toujours visible, et sans doute par une cheminée dans la partie disparue. Un élément architectural très affirmé confirmait la dignité de cette "chambre" royale : elle communiquait avec une chapelle voûtée d'arêtes, et comportant une abside orientée, logée dans un important avant-corps en fer à cheval saillant sur une face de la tour, comme à Beaumont-sur-Oise.

Moret-sur-Loing Donjon et enceinte

Par la route : N7 jusqu'à Fontainebleau, puis N6 en direction de Sens.
Par le train : gare de Lyon, direction Montereau,
jusqu'à Moret – Veneux-les-Sablons.

Ensemble de premier intérêt, quoique incomplet. Évocateur d'une certaine imagerie pittoresque du Moyen Âge.

■ Le donjon était la pièce maîtresse du château royal de Moret, reconstruit entre 1128 et 1150 pour Louis VI et Louis VII. Implantée au point haut de la ville close, sur une éminence dominant le Loing, cette grosse tour jadis environnée d'une petite enceinte, semble avoir été davantage résidence que forteresse. Bien que plus haut et plus fort, ses analogies avec le donjon de Grez-sur-Loing sont manifestes : même plan barlong (17,50 mètres sur 13,30 mètres) avec contreforts seulement aux angles, même lien entre l'étage (dominant un haut cellier peu éclairé) et le couronnement par une vis murale dans un angle, mêmes guérites d'angle encorbellées à la tête des contreforts. L'avant-corps à pans qui fait saillie sur une des faces est réputé post-médiéval, mais il rappelle celui qui logeait l'oratoire de la tour de Grez. Les quatre murs sont conservés, mais ont subi de telles altérations entre le XVIIe siècle (transformation en résidence d'agrément avec ailes disparues depuis) et le XIXe siècle (restauration "pitto-

La porte de Sammois
de l'enceinte de ville de Moret.

resque" incorporant des épaves lapidaires sans rapport avec l'édifice), qu'aucun percement d'origine n'est sûrement identifiable.

■ Les fortifications de Moret se composent d'une enceinte au tracé semi-circulaire adossée au Loing, et d'une petite "bastille" (aujourd'hui très diminuée) édifiée sur une île à la tête du pont du Loing. Ce pont aboutit à la porte de Bourgogne, l'une des deux portes de ville conservées sur les trois que comptait l'enceinte. La deuxième, dite porte de Sammois, est à l'autre extrémité de la Grande-Rue, dans le même axe

Le donjon de Moret vu du Loing.

que la porte de Bourgogne. L'une et l'autre sont des tours-portes carrées dont la structure de base est un passage en arc brisé à herse et vantaux encadré de deux murs épais formant contreforts en façade. Dans les murs de la porte de Bourgogne – la plus monumentale – circule un escalier droit distribuant les deux étages, dont le premier est défensif (manœuvre de la herse) et le second, civil, à en juger par sa fenêtre géminée. Cet étage est couvert d'une voûte qui portait une terrasse défensive avant la pose du toit actuel au XVIIe siècle. On reconnaît les quatre échauguettes d'angle et le grand mâchicoulis sur arc surplombant la porte, que cette terrasse distribuait. Le premier étage de la porte de Sammois était seulement desservi par le chemin de ronde de la muraille de ville, et comporte deux tourelles en encorbellement encadrant la façade extérieure. L'une de ces tourelles loge un escalier en vis reliant premier et second étage, qui, d'origine, est couvert d'un toit et non d'une terrasse.

■ L'ensemble des caractères des défenses et de la mise en œuvre de ces tours-portes invite à proposer une datation au XIIIe siècle. À proximité de la porte de Bourgogne, une poterne dite de l'Abreuvoir s'ouvre sur le Loing, qui permettait le transit de marchandises par voie d'eau.

▶▶ Le pont sur le Loing, la porte de Bourgogne et l'église.

Dormelles
Maison forte de Challeau

Par la route : D218 depuis Moret jusqu'à Villecerf, puis D22 vers Dormelles.
Par le train : gare de Lyon (grandes lignes) jusqu'à Moret – Veneux-les-Sablons, puis bus, lignes 201 et 202 (Dormelles CGEA-Connex Nemours au 01 64 45 55 55) ou ligne 912 (Inter-Val au 01 64 70 31 15).
Carte IGN : 2517 O.

**Site d'intérêt secondaire, propriété privée.
À découvrir de l'extérieur.**

■ En 1367, le "fort de Challeau" compte au nombre des places fortifiées du baillage de Melun visitées par des experts nommés par le roi Charles V. Cette maison forte, alors détenue par Guillaume de Montmorency, chevalier, se compose d'une petite enceinte rectangulaire fossoyée de 33 mètres de long seulement, précédée d'une basse-cour, elle-même fermée de murs. L'enceinte de la maison proprement dite est un témoin intéressant de petite fortification seigneuriale du XIIIe ou du début du XIVe siècle, limitée dans son programme par les moyens de son détenteur. Excepté les tourelles encadrant la porte, il n'y a pas de tours mais des échauguettes dont l'encorbellement simplement évasé naît des angles arrondis de l'enceinte. Les logis intérieurs ont disparu et les tourelles de la porte ont été repercées de fentes de tir pour petites pièces d'artillerie, au plus tôt au XVe siècle.

Maison forte de Challeau : échauguette et vue d'ensemble.

Diant Château

Par la route : depuis Challeau, suivre la D22 jusqu'à Voulx,
puis prendre la D92.
Par le train : gare de Lyon, jusqu'à Montereau.
Fault Yonne, puis car ligne 912 jusqu'à Diant, situé à 13 km.
Carte IGN : 2517 O.

Site d'intérêt secondaire, propriété privée.
À découvrir de l'extérieur.

■ La construction du château est attribuée à Guillaume des Barres, un des chevaliers sortis du rang par Philippe Auguste et présent à ses côtés à Bouvines (1214). La rigueur géométrique du plan carré de 60 mètres de côté, les fortes tours flanquantes à archères, circulaires aux angles, semi-circulaires au milieu des faces, témoignent en effet d'un chantier conduit d'un seul jet sous l'influence directe des modèles philippiens, avec d'assez importants moyens. Ce parti architectural très pur a été altéré par des remaniements postérieurs : mise en eau des fossés cachant l'embase des murs, arasements de courtines et de certaines tours, reconstruction des bâtiments intérieurs entre 1810 et 1845.

Nemours Château

Par la route : N7 ou A6.
Par le train : gare de Lyon, direction Montargis
jusqu'à Nemours-Saint-Pierre.

Château de premier intérêt, aménagé en musée municipal.

■ La construction initiale du château de Nemours s'intègre à un projet ambitieux et abouti du dernier tiers du XIIe siècle, dû au seigneur local, Gautier de Nemours, chambellan de Louis VII. Il s'agit de la fondation *ex nihilo* sur ce site d'une "ville neuve" avec église paroissiale, hôtel-Dieu, enceinte. Implanté entre la ville et le Loing, à proximité de l'ancien pont, le château de Nemours tient plus de la résidence seigneuriale que de la forteresse et témoigne d'un luxe de programme rare à l'époque ailleurs que chez le roi ou les comtes.

■ Le noyau initialement construit est un important bâtiment barlong, à l'échelle des donjons du temps comme celui de Moret, mais s'en distingue par les fortes tourelles circulaires qui en cantonnent les angles. Le programme de cet édifice est celui d'un donjon-résidence avec salle basse à pilier central éclairée d'étroits soupiraux, surmontée de deux étages de salles et de chambres séparés par des planchers. Quelques-unes des anciennes fenêtres géminées sont encore visibles aux étages, dans les murs et et dans l'une des tourelles. Le second étage se distinguait par un aménagement original très affirmé : un hourd de charpente formant galerie d'agrément plus que de défense s'adossait à la façade sur le Loing et aux deux petits côtés de l'édifice. Seules sont encore visibles les traces d'accroche et les portes de communication dans les tourelles. Au même étage, l'une des tourelles abrite une chapelle dont le décor intérieur à arcatures, exceptionnel pour un oratoire de château, renvoie au style des églises gothiques des années 1170-1180. L'autonomie du donjon était complétée par la présence d'un puits mural.

▶ Le donjon cantonné du château de Nemours.

Le château de Nemours vers 1600,
gravure de Claude Chastillon (© C. Corvisier).

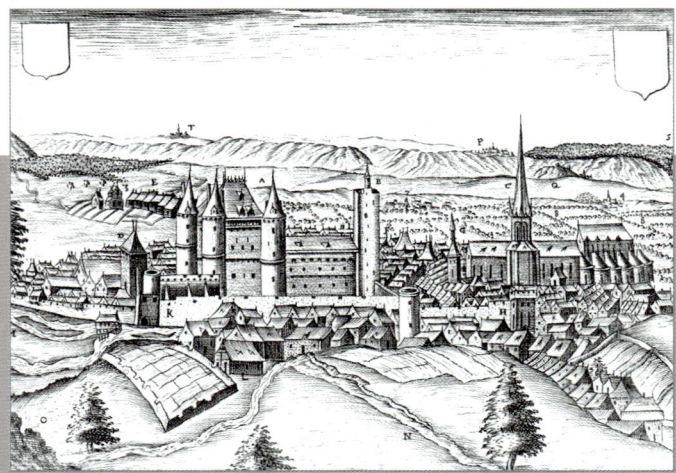

La "tour du Guet" du château de Nemours.

■ Probablement avant la mort du chambellan Gautier (1204), une enceinte quadrangulaire fut édifiée autour du donjon. Au milieu du côté de cette enceinte tourné vers la route et le pont, une tour carrée de dimensions normales en plan pour une tour d'enceinte atteint, en revanche, une très haute élévation ; une courtine épaisse abritant trois niveaux de galerie la relie au donjon. Le troisième niveau de galerie de la courtine, formant chemin de ronde (belle charpente XVe siècle), dessert dans la tour une chambre voûtée, reliée à l'étage supérieur par un escalier en vis formant tourelle d'angle en encorbellement. La chronologie de ces constructions ne fait aucun doute, et c'est à tort que la tour carrée "du guet" a été jugée plus ancienne et qualifiée de donjon.

■ Le donjon cantonné a subi d'importants remaniements au XVe siècle : création d'un escalier en vis dans une des tourelles, avec porte en accolade sur la cour, percement de fenêtres à meneaux tant à la salle basse qu'aux étages, établissement d'un troisième étage logeable, suppression du hourd.

■ Depuis 1674, un perron monumental donnant accès de la cour au premier étage du donjon par des portes-fenêtres masque le bas de la façade sur cour.

Gazeran Château

Par la route : N10 jusqu'à Rambouillet, puis D906.
Par le train : gare Montparnasse, direction Chartres.

Site d'intérêt secondaire, propriété privée.
Vues extérieures.

■ Le château de Gazeran, siège d'une seigneurie mouvant des Montfort, offre les caractéristiques d'une fondation du XIIe siècle. L'enceinte polygonale irrégulière coiffe une éminence naturelle. On y pénètre par une tour-porte carrée dont le passage s'ouvre sous un arc en tiers-point au revers duquel coulissait une herse (début XIIIe siècle). Les logis médiévaux, détruits, ont été remplacés par une maison du XIXe siècle appuyée à une haute tourelle d'escalier semi-circulaire du XVe siècle. Dans l'emprise de l'ancienne enceinte, un colombier circulaire montre une porte au curieux décor gothique flamboyant.

VI
Dans l'ancien comté de Champagne et de Brie

Provins ㊲
Crécy-la-Chapelle ㊳
Crouy-sur-Ourcq ㊴
Forfry ㊵

Mortcerf ㊶
Louan ㊷
Nangis ㊸
Pécy ㊹
Grandpuits ㊺

Les comtes de Champagne, par l'étendue de leurs domaines, dépassant de loin notre région, sont, jusqu'à leur extinction à la fin du XIIIᵉ siècle, les plus grands seigneurs d'Ile-de-France, cantonnés à l'est. Provins, ville prestigieuse enrichie par les foires, est une de leurs capitales. Ses fortifications sont en partie postérieures à la réunion du comté au domaine royal par Philippe le Bel (1285). Les vestiges de divers autres sites fortifiés, comptant plus de maisons fortes que de châteaux, témoignent de l'ambition inégale des vassaux, sévèrement contrôlés par les comtes. Certaines réalisations seigneuriales illustrent aussi les modèles du château gothique renouvelés au temps de Charles V.

Provins Donjon et enceinte de ville

Par la route : N19, puis N4.
Par le train : gare de l'Est.
Visites et animations : renseignements sur le site www.provins.net

Site de tout premier intérêt. Patrimoine mondial de l'Unesco depuis décembre 2001.

■ Le château primitif de Provins s'étendait sur la partie supérieure du plateau dite "le Châtel", ou "Ville haute". Au XIIe siècle, ce château des comtes de Champagne, délimité par une vaste enceinte aux contours arrondis épousant le relief, se composait d'un donjon sur motte avec fossés, de bâtiments du palais, complétés au XIIIe siècle, et de l'église collégiale castrale Saint-Quiriace. Autour de ces éléments détachés les uns des autres, l'enclos castral est loti, accueillant des maisons de chanoines, de chevaliers ou de bourgeois. Le donjon, dit improprement "tour de César", édifié pour Henri le Libéral, comte de Champagne (1152-1183), est une tour octogonale cantonnée de tourelles, et ceinturée à mi-corps d'un chemin de ronde au-dessus duquel

le volume central est en retrait d'épaisseur. Les quatre faces de l'octogone de base alternant avec celles des tourelles comportent au centre un contrefort coiffé d'une échauguette. Ces dispositions savantes et symétriques n'avaient aucune efficacité défensive, mais donnaient à l'édifice une valeur artistique exprimant le prestige personnel et dynastique de son maître d'ouvrage. Une enceinte rapprochée crénelée chemise le pied de la tour, et s'ouvre par une petite tour-porte avec escalier gravissant la motte. La porte de la tour, en hauteur, est reliée à la salle d'étage par un segment d'escalier mural. Autres dispositions, communes

▲ Front vers le plateau de l'enceinte de la ville haute de Provins.
◀ Donjon de Provins dit "tour de César".

Porte Saint-Jean, enceinte de la ville haute.

au donjon de Houdan : de cette salle d'étage, une vis dessert la salle basse, tandis qu'un autre escalier mural, rampant, monte au chemin de ronde qui pourtourne la voûte de la salle. Ce chemin de ronde jadis voûté formait galerie de surveillance pour la salle, dont l'affectation carcérale était prévue d'origine. On remarque l'absence de fenêtres et l'originalité des voûtes, celle de l'étage en coupole à pendentifs.

■ L'enceinte urbaine de Provins est sans doute l'ensemble d'architecture militaire médiévale le plus spectaculaire d'Ile-de-France, tout en étant une des plus belles enceintes de ville à l'échelle nationale. Son périmètre complet d'environ 5 kilomètres, fixé sous Thibaut IV de Champagne, avant 1236, se divise en deux sous-ensembles : l'enceinte de la ville haute, la plus resserrée (1200 mètres de développement), la mieux conservée et la plus remarquable, et l'enceinte de la ville basse, longue de 3800 mètres, mais en partie détruite par le développement de la ville aux XVIIIe et XIXe siècles.

■ L'enceinte de la ville haute, flanquée de vingt-deux tours à archères, oppose au plateau de Brie, secteur d'assaut privilégié, un front impressionnant long de 800 mètres, précédé d'un fossé de 30 mètres de large, front dans lequel sont percées les deux portes de ville qui n'ont pas été détruites, la porte Saint-Jean et la porte de Jouy. Les tours de plan circulaire simple, dont la tour d'angle la plus en vue, dite "tour aux Engins", inspirées des modèles philippiens, datent de Thibaut IV. Les autres tours de plans plus divers, du carré à l'octogone, en passant par le pentagone formant éperon, ont été refaites après la réunion du comté de Champagne au domaine royal, entre 1296 et 1316. Le plus bel ouvrage de cette campagne de Philippe le Bel est la porte Saint-Jean, encadrée de deux tours en amande, qui se distinguent par leurs pierres à bossage, comparables à celles des enceintes royales contemporaines du Midi, comme Carcassonne. Le système de défense du passage d'entrée, sophistiqué, comportant un sas à ciel ouvert (avec créneaux intérieurs) entre deux herses, est repris à la porte de Jouy, contemporaine, encadrée de tours en éperon pentagonal, moins complète quoique récemment restaurée. Un avant-mur à pont-levis (détruit) avait été ajouté après 1360 à ces deux portes de ville, dont les tours sont percées de poternes de sortie dérobées, en fond de fossé. L'enceinte comportait en outre d'autres poternes, dont celle dite "Faneron", qui est bien conservée.

Crécy-la-Chapelle Enceintes

Par la route : A4, puis N34.
Par le train : gare de l'Est (correspondance à Meaux) ou RER A jusqu'à Marne-la-Vallée – Chessy, puis car jusqu'à Crécy-la-Chapelle (terminus).
Carte IGN : 2514 O.

Site d'intérêt secondaire. Bon exemple de vieux bourg briard entouré d'eau.

■ Bourg refondé au XIIe siècle sous la protection d'un château occupant une île du Grand-Morin, Crécy s'accroît dès 1200 d'un nouveau quartier, le "Marché", dont la vocation commerciale est liée aux foires de Champagne. Vers 1215, Gaucher III de Châtillon, grand bouteiller de Champagne, fait reconstruire à neuf, avec l'assentiment de Philippe Auguste et de Blanche, comtesse de Champagne, les enceintes du château et du bourg de Crécy, bientôt complétées par une nouvelle enceinte plus vaste pour le "Marché". Ce grand ensemble de courtines et de tours rondes à archères répondant aux normes de l'architecture militaire royale, comptait une quarantaine de tours et six portes. Il n'en reste que de pauvres vestiges. La "Grosse Tour", à un angle de l'enceinte du marché, assez bien conservée, était une sorte de donjon urbain aux murs très épais (4 mètres) percés de multiples archères et logeant un escalier rampant.

Crouy-sur-Ourcq Maison forte du Houssoy

Par la route : depuis Meaux, prendre la N3, la D17 jusqu'à Lizy-sur-Ourcq, puis la D102.
Par le train : gare de l'Est. La maison forte est proche de la gare.

Très remarquable exemple de maison forte. Visites de la tour.

■ Remarquable exemple d'un programme d'architecture seigneuriale modeste, la maison forte du Houssoy appartenait au XIIIe siècle à la famille des Barres. Les restrictions sur l'appareil défensif d'une telle "maison" sont celles qu'imposait couramment à ses vassaux un puissant suzerain comme le comte de Champagne. Ici, le programme initial se limitait à une enceinte de plan carré totalement dépourvue de tours de flanquement mais construite en pierre, percée d'archères à niches, et incorporant un corps de logis adossé. Entre 1358 et 1395, cette maison forte appartint à Jean III de Chepoy, fils d'un grand amiral de France. Sans sacrifier

Maison forte du Houssoy :
les mâchicoulis de la tour.

La tour et les ruines du logis de la maison forte du Houssoy.

l'enceinte existante, ce seigneur entreprit une reconstruction du logis selon un parti inspiré, en plus modeste, des chantiers royaux, et soutenu financièrement par des subsides de Charles VI. Ce logis neuf était isolé de la cour dans l'enceinte par un fossé que franchissait un pont-levis. Près de la porte, une tour carrée élancée et couronnée de mâchicoulis aux consoles larges, typiques de cette époque, occupe un angle du logis. Distribuée par une tourelle d'escalier en vis commune au logis, cette tour, pseudo-donjon, héberge quatre étages de chambres habitables avec cheminées et latrines. De grandes salles occupaient les deux étages du logis, avec cheminées ornementées, dont la belle souche à trois corps est parfaitement conservée en haut du pignon encore en place. Ce pignon est bordé d'un élégant chemin de ronde en encorbellement d'où naît une échauguette. Un logis neuf fortifié a été construit en prolongement et à l'image de l'ancien vers 1520.

Forfry Château de Boissy

Par la route : N3 jusqu'à Meaux, N330 jusqu'à Saint-Soupplets, puis D9, prendre ensuite à gauche, puis à droite (ne pas suivre le chemin qui mène à Oissery).
Par le train : gare de l'Est jusqu'à Meaux, puis bus avec changement à Oissery (Compagnie des courriers de l'Ile-de-France au 01 60 03 63 54). Forfry se trouve à à 4h de marche environ de Meaux.

Site d'intérêt secondaire, méconnu et en péril. À découvrir sans tarder.

■ Ce château seigneurial reconstruit vers 1400, et aujourd'hui réduit à quelques ruines, est un exemple méconnu et mal protégé de château gothique. Le haut pan de mur à mâchicoulis qui subsiste de sa tour-porte logeable est remarquable par la qualité de sa construction en belles pierres de taille et par les dispositions, bien conservées, destinées à loger les flèches du pont-levis.

Mortcerf Château de Becoiseau

Par la route : A4, D231 sur la droite à hauteur de Villeneuve, puis D216 sur la gauche (juste après la voie ferrée).
Par le train : gare de l'Est, direction Coulommiers.

Site d'intérêt secondaire. Visible, mais dévalorisé par son environnement actuel.

■ Maison de campagne royale comme le château du Vivier, Becoiseau ne le devint qu'en 1287, après avoir appartenu aux Châtillon, seigneurs de Crécy. Les vestiges actuels sont ceux du manoir royal. Sans unité et fâcheusement "mités" par un lotissement, ils se composent, d'une part, des restes d'un corps de salles, attenant à une tour circulaire tronquée, d'autre part, d'un mur-pignon flanqué d'une tourelle d'escalier cylindrique, qui a dû être la façade d'entrée d'une chapelle. Elle est percée en effet d'un portail surmonté de fenêtres jumelles faites pour des vitraux fixes.

Louan Château de Montaiguillon

Par la route : depuis Provins, prendre la D404, la D72, puis la D100.
Par le train : gare de Lyon jusqu'à Provins, puis car avec changement pour Louan (à 20 km environ). Attention, seulement trois dessertes par jour.

Exemple majeur de château fort en ruine, isolé dans un site boisé. Animations saisonnières.

■ Thomas de Coucy, seigneur de Montaiguillon depuis 1212, est le frère d'Enguerrand III, le créateur mégalomane du château de Coucy (Aisne). Siège d'un simple fief du comté de Champagne, Montaiguillon n'est désigné que comme "maison" (pas même "forte") lorsque Thomas de Coucy s'en dessaisit en 1252. Il n'en est pas moins vraisemblable d'attribuer à ce personnage impliqué dans les luttes d'influence du temps, plutôt qu'à ses successeurs, la construction du puissant château fort dont subsistent les ruines. De fait, ce château reprend tous les poncifs de l'architecture militaire dite philippienne : plan rationnel – ici un rectangle – flanqué aux angles et au milieu des faces de tours circulaires percées d'archères sur deux niveaux de tir, embase des tours et des courtines en glacis, ouvrage d'entrée encadré de deux tours semi-circulaires. Si l'absence de tour maîtresse rapproche Montaiguillon des autres châteaux seigneuriaux du temps, on note des choix de mise en œuvre plus ambitieux, notamment le surdimensionnement des tours, très ostensible au front d'entrée qui en comporte quatre, plus larges que les courtines qui les séparent.

Château de Montaiguillon, ruines d'une tour de flanquement.

L'impression un peu écrasante qui s'en dégage est accrue par le fait que trois de ces tours – les seules du château qui n'aient pas été éventrées – accusent un important déversement dû aux effets des mines consécutives au siège de 1424. L'ouvrage d'entrée, très développé en profondeur, devait abriter une salle d'étage, comme la porte de Laon à Coucy, de laquelle elle se rapproche aussi par la présence, plus rare, d'une poterne située sous la porte, en fond de fossé. Les opérations du siège conduit par Salisbury en 1424 contre la garnison française commandée par Prégent de Coëtivy ont été relatées par  les chroniqueurs de la guerre de Cent Ans. Il y est fait mention notamment de mines et de contre-mines : *"Il y eut ès-dites mines de beaux faits d'armes faits…"* (Juvénal des Ursins).

Tours de l'entrée du château de Montaiguillon.

Nangis Château

Par la route : N19.
Par le train : gare de l'Est, direction Provins.

Château d'intérêt secondaire, dans un petit bourg facile d'accès.

■ Seigneurie des Britaud, fidèles officiers de la couronne royale au XIIIe siècle, Nangis conserve un château de plan quadrangulaire à tours d'angle circulaires percées d'archères, en partie dérasé et fortement remanié (logis actuel du XVIIIe siècle affecté à la mairie). Les saillants carrés des courtines ne sont certainement pas d'origine, car ils perturbent le flanquement des courtines par les tours d'angle.

Pécy Motte de Mirvaux

Par la route : N4 jusqu'à Vaudoy-en-Brie, puis prendre à droite vers Pécy ; au bout du village, un chemin sur la gauche mène à la ferme de Mirvaux.
Par le train : gare de l'Est jusqu'à Nangis, puis car ligne 5.

Exemple représentatif de château à motte.

■ D'un château de terre et de bois, sans doute du XIIe siècle, reste une motte ceinte d'un fossé en eau, flanquée d'une basse-cour fossoyée moins bien conservée.

Grandpuits Maison forte de la Salle

Par la route : N19 (Grandpuits se trouve juste avant Nangis).
Par le train : gare de l'Est jusqu'à Mormant,
puis car ligne 34. Autre trajet : descendre à Nangis,
puis bus ligne 46 – en circulation en fin d'après-midi
seulement (compagnie Darche-Gros au 01 64 04 15 22).
Carte IGN : 2516 O.

Situé à 5 km de Nangis, site d'importance secondaire mais représentatif. Bonne visibilité.

■ La ferme de la Salle est, à l'origine, une "grange" fortifiée de l'abbaye de Saint-Denis, c'est-à-dire un établissement d'exploitation d'un des domaines ruraux de ce puissant monastère. L'enceinte trapézoïdale de cette maison forte monastique est très étendue (100 mètres de long) et incorpore en bordure un bâtiment agricole médiéval à contreforts. Les tours circulaires d'angle, assez grêles, offrent les caractères typiques de l'architecture militaire du XIIIe siècle : deux niveaux percés d'archères non superposées, base talutée, parement en "carreaux" de grès. La tour-porte carrée a été refaite au XVIIe siècle, en même temps qu'était édifié l'actuel corps de logis en pavillon.

Tour-porte de la maison forte de la Salle.

Maison forte de la Salle : tours d'angle et fossé.

VII
La Brie de Melun

Brie-Comte-Robert 46
Blandy 47
Voisenon 48
Pouilly-le-Fort 49
Fontenay-Trésigny 50

Melun, ville royale, comme Corbeil, n'a plus de vestiges de ses fortifications, mais on peut encore voir aux environs les belles ruines de la maison de campagne royale qui abrita la folie de Charles VI (le Vivier), et des châteaux et maisons fortes de grands et petits seigneurs proches du roi, représentatifs du temps de Philippe Auguste (Brie-Comte-Robert) ou de celui de Charles V (Blandy).

Brie-Comte-Robert Château

Par la route : N19.
Par le train : RER D jusqu'à Combs-la-Ville – Quincy, puis bus ligne 40-07 ou 40-21 (compagnie Setra au 01 64 05 09 20).
Carte IGN : 2415 OT.
Renseignements : La Fontaine : centre culturel, tél. 01 64 05 63 31 ou sur le site : http://amis.chateaubcr.free.fr
En attendant l'ouverture prochaine d'une salle d'exposition mettant en valeur les découvertes faites sur le site, le périmètre des fouilles est visible dans un cadre prévu pour la détente. Pour participer au chantier de fouilles, on peut contacter Martine Piechaczyk au 01 64 05 62 35.

Château important au cœur du bourg, très diminué, mais remis en valeur depuis quelques années par un chantier associatif.

■ Brie est l'un des fiefs de l'Est parisien dont Robert, fils puîné du roi Louis VI, avait été gratifié en plus du comté de Dreux, mais c'est son fils Robert II de Dreux, cousin germain de Philippe Auguste, qui fit construire le château. À une date précoce (vers 1200), ce chantier castral met en pratique la plupart des canons architecturaux érigés en système par les maîtres d'œuvre du roi dans les deux premières décennies du XIIIe siècle.

Ceint d'un fossé inondé, ce château aujourd'hui très ruiné décrit en plan un carré parfait de 55 mètres de côté, de conception très symétrique. Ici, en effet, point de donjon à un angle de l'enceinte (à la différence de Dourdan), mais quatre tours d'angle circulaires de même diamètre (8,20 mètres), voûtées d'arêtes à la base. En milieu de courtine sont disposées, d'une part, sur des faces opposées, deux autres tours hémicylindriques, d'autre part, deux tours-portes de plan carré à herse et vantaux, l'une vers la campagne, l'autre vers la ville. Il ne reste que la souche de cette dernière, qui se signale par son arc d'entrée en tiers-point, décoré de billettes (motif dentelé). L'autre tour-porte, détruite, conserva jusqu'au XIXe siècle toute son élévation d'origine, corps carré élancé cantonné de tourelles en encorbellement, qui lui donnait l'aspect d'une tour maîtresse. L'un de ses étages abritait une chapelle justifiant l'appellation de "tour Saint-Jean". L'enceinte n'abrite plus que quelques substructures des logis adossés, reconstruits en 1328 pour Jeanne d'Évreux et retouchés en 1389.

▲ Château de Brie-Comte-Robert, front d'entrée opposé avec la "tour Saint-Jean", gravé vers 1820 (Coll. C. Corvisier).
◄ Tour d'angle et front d'entrée vers la ville.
► Détail de l'arcade de la porte d'entrée.

Blandy Château

Par la route : N6, puis A5.
Par le train : gare de Lyon ou RER D jusqu'à Melun. Pas de ligne de car directe pour Blandy, situé à 3h de marche.
Carte IGN : 2416 E.
Balade : depuis la gare de Melun, le GR1 mène à Blandy et permet de rejoindre la gare de Verneuil-l'Étang pour le retour. Visite : ouvert tous les jours, sauf le mercredi, du 1er avril au 31 octobre de 10h à 13h et de 14h à 18h. Du 1er novembre au 31 mars de 10h à 13h et de 14h à 17h30 uniquement les week-ends et jours fériés, sur rendez-vous les autres jours. Renseignements : 01 60 69 96 89 ou 01 60 39 60 39.

L'un des plus beaux châteaux forts d'Ile-de-France, ouvert à la visite et restauré.

■ Les vicomtes de Melun de la maison de Chailly, maîtres de Blandy au début du XIIIe siècle, y possédaient un château dont la date de fondation est ignorée. L'étude archéologique permet d'affirmer qu'il s'agissait d'une enceinte fossoyée de plan polygonal tendant à l'ovale (75 mètres de grand axe), dont il reste encore une bonne partie des murailles conservées dans les reconstructions postérieures. Le caractère archaïque de ce plan invite à l'interpréter comme une création du XIIe siècle. De ce premier état subsiste

▲ Château de Blandy. Vue cavalière en 1850, lithographie de Charles Fichot (© C. Corvisier).
▶ L'ancienne entrée et les deux grosses tours XIVe siècle du front nord.

la tour-porte initiale, condamnée par un chemisage de la fin du XIVe siècle. Au cours du XIIIe siècle, l'enceinte primitive fut flanquée de deux tours circulaires de diamètre assez modeste, munies d'archères dont la fente est élargie à la base en "étrier". La plus petite possède une salle basse voûtée qui a servi de cachot. On peut affirmer que le "manoir" que Jean Ier de Chailly déclarait posséder à Blandy en 1327 se composait de cette enceinte adossée de bâtiments autour d'une cour spacieuse. Un demi-siècle plus tard, il fut profondément transformé et agrandi par une ambitieuse campagne de reconstruction conduite par étapes jusqu'au premier quart du XVe siècle, pour Jean II, vicomte de Melun, héritier de la seigneurie normande de Tancarville érigée pour lui en comté, puis pour Guillaume IV de Tancarville. La guerre de Cent Ans aidant, le roi alloua à trois reprises, de 1371 à 1387, des aides financières à cette

Porte à herse de la tour maîtresse.

famille bien en cour, pour la construction du "fort chastel". Les nouveaux ouvrages, raccordés hors œuvre de l'enceinte primitive, forment un ensemble de trois grosses tours-résidences circulaires reliées par des segments de courtine rectilignes, dans le principe des tours d'enceinte du château de Vincennes. Ces tours ont le même diamètre (11,70 mètres) et chacune superpose plusieurs étages à cheminées et fenêtres à meneaux à un rez-de-chaussée défensif percé d'arbalétrières. Deux de ces tours sont très semblables, par la voûte du premier niveau, la tourelle d'escalier à pans et le saillant hors œuvre abritant les latrines. L'une s'affirme comme

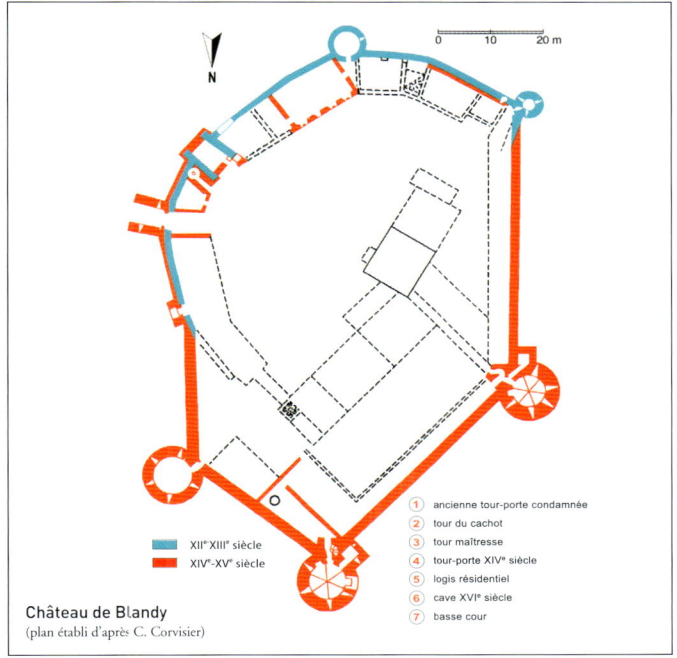

Château de Blandy
(plan établi d'après C. Corvisier)

XIIᵉ-XIIIᵉ siècle
XIVᵉ-XVᵉ siècle

1. ancienne tour-porte condamnée
2. tour du cachot
3. tour maîtresse
4. tour-porte XIVᵉ siècle
5. logis résidentiel
6. cave XVIᵉ siècle
7. basse cour

tour maîtresse par sa plus grande hauteur, sa couronne de mâchicoulis, et ses trois portes toutes pourvues d'éléments de barrage (bel exemple de herse en place, pont-levis) qui lui donnent plus d'autonomie. Les courtines de l'ancienne enceinte furent surépaissies et leurs tours surhaussées de deux étages logeables. Une nouvelle tour-porte à pont-levis et mâchicoulis remplaça l'ancienne, devenue tour fermée. Les bâtiments (presque tous détruits en 1883) comportaient une aile principale qui séparait la cour polygonale, devenue basse-cour, d'un quartier résidentiel avec cour et jardins, établi au pied des grandes tours. Des logis ajoutés au XVIᵉ siècle il reste seulement une cave voûtée sur pilier central qu'une tradition locale persiste à qualifier abusivement de crypte romane. L'ensemble a fait l'objet depuis 1988 d'une grande campagne de restauration conduite par le service des Monuments historiques.

◀ Grosse tour du front ouest du château de Blandy vue de la tour maîtresse.

Voisenon Maison forte du Petit-Jard

Par la route : depuis Pouilly, prendre la D82 sur la gauche.
Par le train : RER D ou gare de Lyon jusqu'à Melun,
puis bus ligne A (compagnie Tram).
Carte IGN : 2415 OT.

**Restes modestes, mais représentatifs,
site campagnard aux portes de Melun-Sénart.**

■ D'une maison forte de plan carré à petites tours d'angle circulaires ne restent que deux de ces tours, l'une dérasée, l'autre complète. Celle-ci a conservé ses créneaux, alternant avec des archères élargies à la base en "étrier", typiques d'un XIII siècle avancé.

Pouilly-le-Fort Château

Par la route : A5, puis N105 sur la droite à hauteur de Melun.
Par le train : RER D jusqu'à Cesson, puis bus ligne 43/42
jusqu'à Pouilly-le-Fort.
Carte IGN : 2415 OT.

**Site d'intérêt secondaire, peu connu,
dans un petit village calme.**

■ Transformé en ferme, ce petit château fort de plan polygonal resserré autour d'une cour étroite (aujourd'hui ouverte) se distingue par sa monumentale tour-porte, probablement de la fin du XIV siècle. Avec sa façade

Château de Pouilly-le-Fort : à gauche, la tour d'entrée à contreforts.

d'entrée en carreaux de grès appareillés, couronnée d'une corniche à mâchicoulis, raidie de contreforts et percée d'une porte charretière piétonne avec pont-levis à flèches, cette tour d'entrée s'inspire manifestement de celles du château de Vincennes, sans en avoir la haute élévation.

Fontenay-Trésigny Château du Vivier

Par la route : N4 jusqu'à Fontenay-Trésigny, puis D144.
Par le train : gare de l'Est jusqu'à Verneuil-l'Étang, puis car ligne 01 (arrrêt Pont-Verneuil-l'Étang) jusqu'à Fontenay-Trésigny (Compagnie Darche-Gros au 01 64 04 15 22). Ou descendre à Tournan-en-Brie, puis car ligne A jusqu'à Chaumes-en-Brie (Compagnie Bizière au 01 64 25 60 46) ; rejoindre le château situé entre Chaumes-en-Brie et Fontenay-Trés gny en empruntant le GR1 sur la D44 (trajet 45 min).
À pied, le château du Vivier se trouve sur le GR1 entre les gares de Marles-en-Brie et de Verneuil-l'Étang (gare de l'Est).
Compter environ 5 h de marche.
Carte IGN : 2415 E.

Ruines très pittoresques et assez complètes.
L'un des beaux sites d'Ile-de-France. Visible de l'extérieur.

■ Le château du Vivier tire son nom et son attrait d'un grand étang réputé pour ses poissons, dans lequel se reflètent les ruines actuelles, ensemble digne d'un tableau romantique. C'est en totalité un manoir de la famille

Château du Vivier : vue générale, chapelle et ruine se reflétant dans l'ancien vivier.

royale, puisqu'on peut placer le début de sa construction après l'acquisition du fief en 1293 par Charles de Valois, frère du roi Philippe IV le Bel. En 1308, les "salles et galeries" du manoir étaient achevées et décorées par le peintre Évrard d'Orléans, qui travaillait aussi au palais de la Cité à Paris. Philippe VI, roi de France, fils de Charles de Valois, réunit le Vivier au domaine royal et y fonda une nouvelle chapelle dédiée à saint Louis, en 1336, remplaçant celle fondée vingt ans plus tôt par son père. D'abord érigée en collégiale sous le vocable de Notre-Dame en 1352, à l'occasion du mariage au Vivier de Jeanne de France avec Charles le Mauvais, roi de Navarre, cette chapelle reçut finalement, en 1368, la dignité de Sainte chapelle, Charles V l'ayant dotée d'un fragment de la Vraie Croix. Les constructions du château n'ont été achevées qu'à cette époque.

■ De la campagne initiale date l'enceinte rectangulaire de la basse-cour, dont ne restent que trois tours à archères et le corps de logis principal du manoir, aligné dans son grand axe au vivier royal formant protection passive devant la façade extérieure, plus civile que défensive. À l'extrémité sud du logis, une tour d'angle ronde et un saillant rectangulaire, largement percés d'archères, sont comparables aux ouvrages contemporains de l'enceinte de la ville de Provins. La clôture fossoyée retranchant le logis de la basse-cour définit une cour noble au plan trapézoïdal avec, aux angles, une tour ronde et une tour-porte. Ces fortifications ne datent que du règne de Charles V, tout comme la chapelle, greffée au mur-pignon nord du logis, et comportant deux niveaux, selon le modèle des chapelles palatines. Si ce rustique édifice ne peut être comparé à la Sainte-Chapelle de Vincennes, on reconnaît le modèle des tours-portes de ce château dans celle du manoir du Vivier, aujourd'hui tronquée, à l'exception d'un vertigineux pan de tourelle d'escalier.

■ La construction peu luxueuse des ouvrages du temps de Charles V est due en partie à l'absence de belle pierre de taille calcaire dans la Brie : carreaux de grès et blocage sont mis en œuvre comme au château de Blandy à la même époque.

La tour-porte et sa haute tourelle.

VIII
Les fortifications et châteaux "parisiens" des rois de France

Palais de la Cité 51
Château du Louvre 52
Enceinte de Philippe Auguste 53
Château de Vincennes 54

Palais de la Cité

Palais de justice, 4, bd du Palais, Ier. Tél. 01 44 32 50 50.
M° Cité, Saint-Michel, Châtelet, Pont-Neuf.
Visite : ouvert toute l'année, de 9h30 à 18h (fermeture des caisses à 17h 30). Fermé les 1er janvier, 1er mai et 25 décembre.
Sainte-Chapelle, 1, quai de l'Horloge, Ier. Tél. 01 53 73 78 51/52.
Visite : ouvert toute l'année, de 9h30 à 18h (fermeture des caisses à 17h 30). Fermé les 1er janvier, 1er mai et 25 décembre.

Site important historiquement, mais de faible authenticité, qui fait partie de l'imagerie parisienne.

La façade sur la Seine du palais de la Cité, dite "Conciergerie".

■ Le palais des rois de France, installé sur l'île de la Cité au Xe siècle, célèbre aujourd'hui pour la Sainte-Chapelle fondée par saint Louis, a été de très nombreuses fois remanié jusqu'à son affectation actuelle en palais de justice, décidée au XIXe siècle. Les seules parties conservées – quoique lourdement restaurées – du palais fortifié médiéval sont celles construites à la fin du XIIIe siècle sur l'initiative de Philippe Le Bel, qui y installa les administrations juridiques et financières du royaume. Il s'agit du front vers la rive droite de la Seine, dit de la Conciergerie, avec ses quatre tours, dont les deux du milieu, circulaires (les moins refaites au XIXe siècle), encadraient une porte. Il s'agit aussi et surtout de la Grande Salle royale à deux niveaux, sans doute la plus vaste d'Europe à l'époque (70 mètres sur 27 mètres), divisée en deux nefs par une série de piliers qui portent des voûtes d'ogives dans la salle basse (dite des Gens d'armes), tandis que la salle haute était couverte de deux voûtes en berceau lambrissées. Les cuisines du palais, attenantes à la salle basse, sont conservées avec leurs cheminées à chaque angle d'un espace carré voûté d'ogives.

Château du Louvre

99, rue de Rivoli, Ier. Tél. 01 40 20 50 50. M° Palais-Royal–Musée-du-Louvre, www.louvre.fr
Visite : ouvert tous les jours, sauf les mardi et certains jours fériés, de 9h à 18h. Nocturnes jusqu'à 21h45 les lundi et mercredi ("circuit court").

Vestiges ressuscités dans le cadre du programme du "Grand Louvre" des années 1980.

■ C'est avant 1200 que Philippe Auguste décida de la fondation *ex nihilo* d'un nouveau château parisien, non au cœur de la ville, mais en bordure de la grande enceinte urbaine qu'il faisait édifier parallèlement. Terminé en 1202, le Louvre était le prototype du château philippien, avec son enceinte carrée de 70 mètres de côté, régulièrement flanquée de tours circulaires, une à chaque angle, une au milieu de deux des faces, les deux autres étant occupées par une porte à deux tours. Le donjon circulaire, en position exceptionnellement centrale, a son propre fossé, et était lui aussi percé de deux portes. L'embase de ce donjon et celle de deux des fronts du château,

La base du donjon du Louvre lors des fouilles de 1983 (© C. Corvisier).

Maquette de reconstitution du Louvre médiéval ainsi que du quartier, autour de l'an 1200 (par R. Munier et S. Polonofski, doc. C. Corvisier).

avec leurs fossés à contrescarpe parementée, redégagés par la fouille en 1983, sont aujourd'hui visibles dans la crypte archéologique du Grand Louvre. Des importantes modernisations réalisées pour Charles V, dont la fameuse "grande vis", il reste peu de traces ; une miniature des *Très Riches Heures du duc de Berry* en a gardé le souvenir.

L'embase en talus des tours du château dans la crypte archéologique du Grand Louvre.

Enceinte de Philippe Auguste

Rue des Jardins-Saint-Paul, 4ᵉ. M° Sully-Morland, Saint-Paul.

Vestiges très résiduels, mais à forte valeur symbolique.

Vestiges de l'enceinte de Philippe Auguste, rue des Jardins-Saint-Paul.

■ D'après Rigord, chroniqueur du règne de Philippe Auguste, c'est en 1190, avant son départ en Terre sainte, que "*Philippe ordonna aux bourgeois de Paris de travailler sans délai à élever autour de leur ville une muraille garnie de tourelles et de portes, ouvrage que nous avons vu se terminer en peu de temps…*". Ce linéaire de 5100 mètres de murailles, flanqué de 77 tours circulaires et percé de dix portes, elles-mêmes entre deux tours, n'en constituait pas moins une œuvre d'ampleur exceptionnelle pour l'Occident médiéval. Ce chantier, qui était en pleine activité en 1204, employant les compétences des maîtres maçons royaux, fut mené à bien vers 1209. Des deux moitiés dissymétriques de l'enceinte de part et d'autre de la Seine, il ne reste aujourd'hui que de très rares vestiges, les plus importants étant sur la rive droite. Le seul fragment vraiment spectaculaire, offrant une courtine complète entre deux tours mutilées, domine un vaste espace, rue des Jardins-Saint-Paul, aujourd'hui terrain de sport du lycée Charlemagne.

Château de Vincennes

Rue du Donjon, 94300 Vincennes. Tél. 01 43 28 15 48.
Visites : ouvert du 1er avril au 30 septembre de 10h à 11h45 et de 13h15 à 18h ; du 1er octobre au 31 mars de 10h à 11h45 et de 13h15 à 17h.

Patrimoine majeur. L'un des plus grands palais royaux fortifiés du Moyen Âge occidental.

■ Un premier manoir fortifié des rois capétiens avait été installé sous Philippe Auguste dans le bois de Vincennes, alors réserve de chasse royale aux portes de Paris. Il appartint à Jean le Bon, et surtout à Charles V, de faire du château de Vincennes l'un des plus grands et somptueux programmes d'architecture palatiale fortifiée d'Europe.

■ C'est Philippe VI de Valois qui amorça, en 1337, le chantier de la "tour du Bois", ou donjon de Vincennes, en définissant le plan carré (16,50 mètres de côté) cantonné de tourelles d'angle circulaires (6,60 mètres de diamètre) de cette ample tour maîtresse, inspirée de celle du Temple à Paris. Toutefois, les étages ne furent construits au-dessus de ces fondations qu'à partir de 1361 : d'abord, sous Jean le Bon, les trois premiers niveaux, puis, de 1364 à 1369, Charles V régnant, le reste de l'élévation qui atteint 52 mètres de hauteur. La fonction défensive de ce donjon est concentrée dans les parties hautes de la tour, caractérisées par le chemin de ronde à mâchicoulis surmonté par un étage en retrait couvert d'une plate-forme dallée. La défense basse est assurée par la petite enceinte carrée (50 mètres de côté), qui chemise le pied de la tour. Cette enceinte entourée d'un large et profond fossé est couronnée d'un chemin de ronde continu à mâchicoulis, qui dessert une échauguette à chaque

Donjon de Vincennes : la porte de l'enceinte de chemise et le pont sur le fossé.

Vue générale côté cour du château de Vincennes (© C. Corvisier).

Alignement du front est de l'enceinte du château de Vincennes.

angle. On y entre par une porte à deux tours précédée d'un beau pont en pierre et sommée d'une guette avec horloge. À cet ouvrage d'entrée qu'ornaient en façade des effigies royales sous niches est adossée côté cour une tourelle d'escalier en vis très ajourée qui donne accès direct (passerelle) au premier étage de la tour maîtresse, en évitant le rez-de-chaussée affecté aux cuisines. La distribution intérieure du volume central de cette tour se compose de cinq niveaux voûtés d'ogives sur pilier central, le cinquième étant recoupé en deux étages par un plancher porté par des arcs diaphragmes croisés. Les tourelles hébergent des chambres privatives, des oratoires et des annexes, également voûtées d'ogives, l'une d'elles étant aménagée en "grande vis" entre le premier (salle du conseil) et le second étage (chambre du roi). Les étages supérieurs privatifs (chambre du Dauphin, chambre du trésor) ou militaires sont desservis par un escalier en vis plus modeste. Chaque étage dispose de latrines logées dans un avant-corps carré. On remarque aussi les belles cheminées et les grandes fenêtres à meneaux, témoins du confort de ces appartements par ailleurs agrémentés du décor sculpté des chapiteaux et culots.

■ La construction de l'immense enceinte du château fut conduite en un temps record entre 1374 et 1380, sur un plan rectangulaire (330 mètres sur 175 mètres) fossoyé, dont un grand côté est recoupé au milieu par le donjon, isolé par son fossé particulier. Cette enceinte est flanquée de dix tours monumentales de plan rectangulaire qui dominaient de haut les courtines, quatre aux angles, trois abritant les portes de l'enceinte disposées au milieu des côtés, excepté celui occupé par le donjon. Le grand côté opposé au donjon a deux tours intermédiaires plus petites qui, à la différence des autres, ne sont pas soulignées de contreforts. La tour-porte dite du Village, la plus forte de toutes (23 mètres de largeur), est la seule qui ait conservé sa hauteur initiale (42 mètres au-dessus de la cour et 56 mètres depuis le fond du fossé). Sa façade et son passage d'entrée voûté d'ogives sont remarquables pour la qualité du décor sculpté (culots figurés). La distribution de cette tour qui abritait des appartements complets sur plusieurs étages, desservis par un escalier en vis, témoigne de ce qu'étaient les autres tours dérasées en 1809. Le projet de Charles V semble avoir été d'offrir ainsi des résidences à ses proches officiers, autour d'une enceinte conçue comme celle d'une ville neuve qui ne vit jamais le jour. Symptôme de l'essoufflement du projet après la mort du roi : la Sainte-Chapelle, dont la charte de fondation est datée de 1379, restera inachevée (sans voûtes ni toiture) de 1410 à 1520.

Tour du Village (© C. Corvisier).

Château de Dourdan, *Les Très Riches Heures du duc de Berry*, le calendrier, le mois d'août (© RMN/R.-G. Ojeda).

Glossaire

Arase : arrêt à l'horizontale du haut d'un mur.

Arcature : série d'arcades décoratives, plaquées à un mur. C'est un terme plus courant en architecture religieuse, qui n'est ici employé que pour la chapelle du donjon de Nemours.

Archère, archère-canonnière : ouvertures de tir en forme de fente verticale à l'extérieur du mur. L'archère, courante dès la fin du XIIe siècle, est à l'usage de l'arc ; l'archère-canonnière, inventée vers 1400, est adaptée au canon (petit calibre) par la présence d'un trou circulaire à la base de la fente.

Arêtes à abside orientée : voûte formée par le croisement de deux voûtes en berceau de même hauteur, dégageant des arêtes.

Assommoir : orifice percé derrière l'arc d'entrée ou sous la voûte du passage d'entrée d'une porte fortifiée, permettant de jeter des projectiles pour "assommer" l'assaillant.

Barbacane (ou ravelin) : petit ouvrage fortifié, généralement à un seul étage, assurant la défense avancée d'une porte de château ou d'enceinte de ville. La barbacane (dont le plan peut varier d'un site à l'autre) est détachée dans le fossé ; elle est traversée par le chemin d'accès à la porte, auquel elle impose le plus souvent un tracé coudé (en chicane), pour empêcher l'attaque frontale de ladite porte.

Barlong : terme qualifiant une structure (par exemple une grosse tour) de plan rectangulaire.

Basse-cour : enceinte extérieure d'un château, qu'il faut traverser pour accéder au réduit résidentiel et défensif : l'enceinte de la basse-cour, souvent plus vaste que le reste du château, abrite des bâtiments de dépendances économiques, parfois une église et des maisons.

Bastille : ouvrage de défense compact, plus ou moins autonome, participant à la défense extérieure d'une ville, le plus souvent associé à une entrée ou à un pont. À Paris, la Bastille Saint-Antoine était un véritable fortin protégeant la porte Saint-Antoine, mais le grand et le petit Châtelet étaient aussi des bastilles contrôlant sur les deux rives de la Seine les ponts de l'île de la Cité.

Blocage de moellons : maçonnerie de tout-venant, employant des pierres irrégulières bloquées entre elles et liées au mortier.

Boulevard : terme générique désignant des ouvrages fortifiés, généralement peu élevés, portant de l'artillerie, adossés à l'extérieur des enceintes (d'où l'emploi moderne du terme, pour les avenues périphériques des villes, qui remplacent souvent les fossés des enceintes détruites). Les barbacanes et les fausses-braies sont une des formes possibles de boulevard.

Casemate : local voûté à l'épreuve de l'artillerie qui, dans la fortification de la fin du XVe ou du début du XVIe siècle, est le plus souvent conçu pour desservir des embrasures de tir.

Châtelet : terme usuel pour désigner une porte fortifiée de château, encadrée de deux tours vers l'extérieur, et incorporant souvent une salle d'étage percée de fenêtres donnant sur la cour intérieure.

Chemise : mur d'enceinte très resserré et rapproché enveloppant une tour maîtresse ou un château compact. La chemise fait souvent partie du "donjon" (Vincennes). On emploie le verbe "chemiser" pour : envelopper d'une muraille de défense rapprochée, d'une maçonnerie en surépaisseur.

Console : en architecture défensive, ce terme désigne les pierres formant saillie à plusieurs ressauts en haut des tours et courtines des châteaux gothiques pour dégager des mâchicoulis intermédiaires et porter le mur-parapet crénelé du chemin de ronde. On dit aussi "corbeau".

Contrescarpe : face extérieure d'un fossé de défense (par opposition à l'escarpe, qui est au pied des courtines et des tours). Ce rebord en terre peut être ou non revêtu d'un parement en maçonnerie presque vertical.

Courtine : segment d'une muraille d'enceinte de château ou de ville compris entre deux angles ou deux tours de flanquement.

Culot : pierre sculptée en saillie sur un mur pour recevoir les retombées d'une voûte. Le culot diffère du chapiteau parce qu'il ne termine pas une colonne.

Échauguette : tourelle ou guérite de plan centré, montée en encorbellement sur l'élévation d'un mur, le plus souvent en partie haute et à un angle. L'échauguette, couverte ou non, n'a qu'un étage, et sert au guet et à la défense.

Embrasure : ouverture percée dans un mur pour accéder à un jour et évasée vers l'intérieur. Le terme s'emploie plus spécialement pour désigner des ouvertures de tir, notamment d'artillerie.

Encorbellement : surplomb portant un élément architectural (tourelle, balcon, galerie…) sur un mur, un angle, et formé de consoles, d'une corniche ou d'un cul-de-lampe.

Exèdre : espace ou volume intérieur dont le plan est en hémicycle.

Fenêtre géminée : fenêtre séparée en deux jours de même largeur par une colonnette ou un meneau (pierre taillée verticale qui n'est pas une colonne à base et chapiteau).

Fenêtre à meneaux (croisés) : fenêtre séparée en quatre compartiments par une traverse horizontale en pierre et un meneau, assemblés en forme de croix latine.

Guette : partie supérieure d'une tourelle plus haute que le reste des constructions, pour (en principe) offrir des vues lointaines au guetteur.

Herse : forte grille de fer ou de bois coulissant verticalement pour barrer le passage d'une porte fortifiée. Elle était hissée depuis l'étage au moyen d'un treuil.

Hourd : galerie en charpente construite en encorbellement au sommet d'une courtine ou d'une tour pour desservir des créneaux et des mâchicoulis. Le hourd peut aussi régner à mi-hauteur d'un mur et avoir une fonction plus distributive ou d'agrément (balcon) que défensive.

Jour ébrasé : fenêtre donnant du jour, et non une vue, qui traverse le mur en s'évasant vers l'intérieur, parfois aussi vers l'extérieur.

Mâchicoulis : orifice défensif percé au sol d'une galerie ou d'un local portés en encorbellement, le plus souvent sur des consoles.

Maison forte : au Moyen Âge, la maison forte se différencie du château par son statut juridique inférieur. Mais aussi par la moindre importance de ses dimensions et de ses fortifications. Généralement ceinte d'un fossé, elle peut être de forme compacte ou organiser ses logis autour d'une cour intérieure fermée de murs.

Pierre à bossage : pierre de taille dont la face de parement (extérieure) n'est pas lisse, mais laissée intentionnellement en relief brut pour produire un effet de rugosité rustique.

Pont-levis à flèches : système de pont-levis dans lequel le tablier (passerelle) est relevé par un ou deux fléaux (ou flèches) à contrepoids pivotant sur un axe au-dessus de la porte, fléaux au bout desquels ce tablier est attaché par des chaînes. Les portes fortifiées qui ont comporté ce type de pont-levis se distinguent par les hautes saignées verticales ménagées dans la façade pour recevoir les flèches en position levée.

Poterne : porte secondaire d'un ensemble fortifié, de dimensions restreintes, généralement vouée à des sorties logistiques. Elle est ménagée en un point peu exposé de l'enceinte, souvent en fond de fossé.

Tiers-point (arc en) : se dit d'un arc brisé peu pointu.

Veuglaire : type de canon de petit calibre en usage dans la fortification du XVe siècle.

Voûte lambrissée : voûte en bois (en berceau ou en berceau brisé), prise dans la charpente d'un toit, et composée de pièces de bois cintrées, parallèles et rapprochées, revêtues de planchettes (lambris). On dit parfois "voûte en carène de vaisseau".

Bibliographie

Châtelain A., *Châteaux forts et féodalité en Ile-de-France du XIe au XIIIe siècle*, Nonette, Créer, 1983.

Collectif, *L'Ile-de-France médiévale*, tome 2, Paris, Somogy, 2001 (pp. 86-167, *La Vie de château*, contributions de D. **Barthélemy**, J. **Chapelot**, P. **Contamine**, C. **Corvisier**, B. **Dufaÿ** *et al.*).

Legoy L., *Essai sur l'architecture militaire au Moyen Âge, Inventaires départementaux, Seine-et-Oise, Seine-et-Marne, Eure-et-Loir*, Saint-Maur, 1963.

Mesqui J., *Ile-de-France gothique*, tome 2 : *Les Demeures seigneuriales*, Paris, Picard, 1989.

Pérouse de Montclos J.-M. (dir.), *Le Guide du patrimoine, Ile-de-France*, Paris, Hachette, 1992 (pour la castellologie, contributions de C. **Corvisier**, A. **Erlande-Brandenburg**, N. **Faucherre**, J. **Mesqui**).

Seydoux P., *Châteaux et manoirs de la Brie*, Paris, Éd. de la Morande, 1991.

Édition : Laurence Solnais
Direction artistique : Isabelle Chemin
Maquette : Marylène Lhenri
Cartographie : Bénédicte Loisel
Photographies : © Malika Turin (sauf mentions)

Avec la collaboration d'Emmanuel Lods
et de Catherine Minot

Achevé d'imprimer en Espagne en février 2004
Dépôt légal : février 2004

ISBN : 2-84096-320-5